ほんものの思考力を育てる教室

——ＹＳＦＨのサイエンスリテラシー

横浜市立横浜サイエンス
フロンティア高等学校

菅 聖子 編

ウェッジ

ほんものの思考力を育てる教室

――ＹＳＦＨのサイエンスリテラシー

はじめに——ほんものにふれる授業

横浜市立横浜サイエンスフロンティア高等学校
校長　栗原峰夫

横浜サイエンスフロンティア高等学校が開校して、今年で6年目になります。

日本では珍しい理数科に特化した公立高校として、この間、様々な試行錯誤を続けてきました。中でも「サイエンスリテラシー（以下ＳＬ）」への取り組みは、外部の科学技術顧問の方々にサポートしていただきながら、教員、生徒と共に多くの時間とエネルギーを費やし、ひとつの形を作り上げてくることができたと思っています。

ＳＬは、本校カリキュラムの基軸となる最も重要な教科です。

常任スーパーアドバイザーである和田昭允先生の、「サイエンスは基礎だけではダメ。そこから先にどんな先端技術があるのか、ほんものを見せることが重要だ」という考えのもと、この新しい教科を作ることがスタートしました。生徒たちに、ほんものにふれてもらうためにはどうすればよいだろうか。開校前から横浜市立大学の先生方と熱い議論を重ねました。

1、2年生の全員が必修のＳＬⅠとＳＬⅡは、週2時間の「総合的な学習の時間」を利用する形でスタートし、ＳＳＨ（スーパーサイエンスハイスクール）の指定後、教科として認められました。ＳＬⅠでは外部の方に多くの講座を受け持っていただき、ＳＬⅡでは助言や指導を受けながら生徒自身が探究を深めます。理科と英語を融合させたプログラムも重視し、最終的には自分の研究を日本語と英語で発表し、人に伝えていくことを目標にしました。

ＳＬは、本校のすべての授業の中心に置き、理科だけではなく数学や英語や国語など、一般教科ともつなげたいと考えています。ただ正直なところ、開校して3年ほどは暗中模索の状態で、ＳＬと他教科との連動まで意識していた教員は多くありませんでした。

それが大きく変化したのは、生徒たちの研究成果が見えてきたころです。自分のテーマを見つけて探究活動を行い、大学の先生方の力も借りて結論を導き出し、人前で堂々と発表する——。校外のコンクールなどで、受賞することも増えました。そんな生徒たちの活躍によって、教員の意識が変わっていったのです。

実際、生徒たちにとってＳＬは、難行苦行です。自分でテーマを決めることも、個人で研究を進めることも、人前での発表も、たやすいことではありません。1学年２４０人全員が取り組むのですから、生徒たちの中にも温度差があります。熱心に頑張る生徒もいれば、なかなかテーマが決まらず進むことができない生徒もいる。しかし、一人ひとりの力量に差があっても、決して洗練されていなくても、とにかく全員がやりとげる。それが、私たちの学校の誇るべきところだと考えています。

本校のＳＬの取り組みを評価していただく機会が増え、思いきって授業内容を伝える本を作りたいと企画したのが本書です。本校はＳＳＨの指定、横浜市の支援や外部の応援団の存在と、極めて恵まれた環境にありますが、実際にＳＬでやっていることは非常にシンプルです。手を貸してくださる大学の先生がひとり存在するだけでも、ＳＬは始められるでしょう。自分で探究しながら生徒たちが身につけていく力には目覚ましいものがあります。ですから、ひとりでも多くの方に、この授業について知っていただけたらと思うのです。

また、本書の読者には高校生も多いでしょう。私は国語の教師として歩んできましたが、その私が見ても、サイエンスは魅力的な学問です。しっかりほんものの技術を見て体験し、人と出会いながらサイエンスを学んでほしい。そうして学んだ力を、将来は社会をよくするため、人のために役立ててほしいと願っています。

もくじ

はじめに――横浜市立横浜サイエンスフロンティア高等学校　校長　栗原峰夫002

序章　サイエンスリテラシーとは何か？

「サイエンスリテラシー」という教科012
YSFHの開校は2009年013
SLⅠ――知識のシャワーを浴びる014
SLⅡ――自分の研究テーマを決め、研究に打ち込む016
自ら研究を深める「ラボラトリーノート」019
SLⅢ――横浜市立大学チャレンジプログラム020

第1章　サイエンスの基礎を学ぶサイエンスリテラシーⅠ

光のサイエンス
――篠﨑一英先生（横浜市立大学 学術院 国際総合科学群長兼自然科学系列長 教授）......024

Saturday Science　感動しつつ科学を楽しく
――藤嶋昭先生（東京理科大学学長 横浜サイエンスフロンティア高等学校スーパーアドバイザー）......032

病理組織学入門
――長嶋洋治先生（横浜市立大学大学院 医学研究科 分子病理学 准教授）......034

Saturday Science　「なぜ？」が考える力を育む
――種田保穂先生（横浜国立大学 教育人間科学部 教授）......042

海の生きもののサイエンス
——大関泰裕先生（横浜市立大学大学院 生命ナノシステム科学研究科 教授）……044

Saturday Science **宇宙に広がる生命**
——今村剛先生（宇宙航空研究開発機構 宇宙科学研究所 准教授）……050

フラーレンとナノチューブ
——橘勝先生（横浜市立大学大学院 生命ナノシステム科学研究科 物質システム科学専攻長 教授）……052

Saturday Science **Windows8 アプリ講座**
——田中賢一郎さん（マイクロソフト ディベロップメント株式会社 Windows 開発統括部 プログラムマネージャー）……060

クローン動物からiPS細胞まで
——内山英穂先生（横浜市立大学 国際総合科学部教授、アドミッションズセンター長）……064

Saturday Science **理化学研究所の公開イベントボランティア**
——高橋雅人さん、四井いずみさん、吉田尚弘さん（理化学研究所）……072

知っているようで知らなかったガラスの話
——安間伸一さん（AGC・旭硝子株式会社 技術本部 中央研究所 ガラス領域グループ ガラス材料技術ファンクション）……074

Saturday Science **次世代の君たちへ**
——浅島誠先生（東京大学名誉教授、日本学術振興会 理事）……082

照明のサイエンス
——山本雅裕さん（株式会社東芝 研究開発センター 知識メディアラボラトリー主任研究員）……084

放課後のScience Literacy “考える雰囲気”を楽しむ和田サロン
——和田昭允先生（東京大学名誉教授、理化学研究所研究顧問、横浜サイエンスフロンティア高等学校常任スーパーアドバイザー）……090

おいしさとうま味
——鬼頭守和さん（味の素株式会社 研究開発企画部・広報部 部長）……092

第2章 個人の研究を深めるサイエンスリテラシーⅡ

環境・化学分野 ニッポンウミシダのレクチンについて
——中島大暁さん（1期生、大阪大学 理学部 生物科学科 生命理学コース在学中）……102

環境・化学分野 燃料電池カートの製作
——藤田駿さん（2期生、首都大学東京 都市教養学部 機械工学コース在学中）……108

生命科学分野 動物細胞培養における血清の影響
——松阪亮介さん（1期生、東京医科歯科大学 医学部在学中）……114

ナノテク材料・物理分野 C_{60}ナノウィスカーにおける加熱温度に対する影響の観察
——石山歩さん（1期生、横浜市立大学 国際総合科学部 理学系 生命医科学コース在学中）……120

情報通信・数理分野 LEGOを用いたロボットの制御
——北村瑠里さん（1期生、横浜市立大学 国際総合科学部 理学系 物質科学コース在学中）……126

地球科学分野 「地盤の固さ」と「震度」の関係
——萩谷嵐さん（1期生、首都大学東京 都市環境学部 地理環境コース在学中）……132

第3章　さらに深く研究に打ち込むサイエンスリテラシーIII

環境・化学分野　ニッポンウミシダの内臓再生と細胞凝集能力
——園部智彩さん（2期生、横浜国立大学 理工学部 化学・生命系学科 バイオEP在学中）……140

環境・化学分野　ミニトマトの果実の色によるリコピン合成・変換の違い
——長谷川綾子さん（2期生、横浜市立大学 国際総合科学部在学中）……146

環境・化学分野　コラーゲンの抽出と分析
——石山歩さん（1期生、横浜市立大学 国際総合科学部 理学系 生命医科学コース在学中）……152

第4章　英語で行うプレゼンテーション

Paper or Plastic?……160
聞く人の心を動かすストーリーを……161
グループで内容を組み立てていく……162
翻訳機は役に立たない……164
内容の深さは語学力に合わせて……165
英文ポスターと英語のスピーチ……166

おわりに——菅 聖子……170

本書に掲載させていただいた方々の所属等は、２０１４年１月時点のものです。あらかじめご了承下さい。

序章

サイエンスリテラシーとは何か?

横浜サイエンスフロンティア高等学校の最も重要な教科、サイエンスリテラシー。今、全国の高校から注目を集める独自の授業の成り立ちを紹介します。

「サイエンスリテラシー」という教科

「サイエンスリテラシー」は、横浜サイエンスフロンティア高等学校（以下ＹＳＦＨ）で最も大切にされている教科だ。といっても、一般の高校にはないカリキュラムだし、タイトルだけではどんな教科なのか想像し難い。

　そもそも「リテラシー」という言葉は、読み書き能力、活用能力、知識能力、応用力などを表す。ＹＳＦＨのサイエンスリテラシーは、先端科学の知識を得、研究の技能と論理的な思考を習得し、英語を含めた言葉によるコミュニケーションを通して、伝える力を身につける時間だ。

　具体的にはどのような授業が行われているのだろうか。まずは、ＹＳＦＨの学校案内に記された文章を紹介しよう。

> 「なぜ」を育てるプログラム　Science Literacy（サイエンスリテラシー）
>
> 「なぜ」をそのまま終わらせず、課題をしっかりつかみ、論理的に追究し、さらにその成果を相手にわかりやすく発表する。このような研究活動の基本となる力を４つのステップで育てま

す。

・ステップ1【研究基礎】
科学的思考力の育成（大学教員・研究者による講義、総合テーマ「環境」、グループ研究、英語プレゼンテーション発表）

・ステップ2【先端科学実験】
先端科学5分野の実験（生命科学分野、環境・化学分野、ナノテク材料・物理分野、情報通信・数理分野、地球科学分野）

・ステップ3【課題研究ゼミ】
ゼミによる探究活動（テーマ設定、大学研究室連携、調査研究、中間報告、研究成果のまとめ）

・ステップ4【研究発表】
研究発表会（ポスターセッション、校内研究発表会、海外研修での発表、優秀研究発表会）

YSFHの開校は2009年

過去に例のない理数科専門の公立高校を作るにあたって、横浜市では高校と大学の理科教育の連携をとっていこうと、市立高校と市立大学の教員10数人で「理科教育を考える会」を発足させた。開校から4年ほど前のことだ。

月に一度開かれた会議では、子どもたちの理科離れを打開するため、様々な取り組みが提案された。科目別に知識を教えていくだけではダメだ。その知識が、どうすれば使えるものになるかを考えなければいけない。自分の手を動かして実験しなければ身につかない……。などなど、現場に立つ教員たちの間で、侃々諤々《かんかんがくがく》の議論が交わされた。それらを解決するものとして発案された授業が、サイエンスリテラシーだった。

実際には、週に一度の「総合的な学習の時間」を使うこと。外部の大学教授や研究者に登壇してもらうこと。一般の理科や英語の授業も、サイエンスリテラシーにつながる内容にしていくこと。時間が不足した分は土曜日や長期休業を利用し、探究的学習を深めていくことが決まった。

サイエンスリテラシーの授業が行われるのは、1年生、2年生の2年間だ（3年生は必修ではなく選択科目となる）。

1年生の「ＳＬＩ」ではステップ1と2を、2年生の「ＳＬⅡ」ではステップ3と4を学ぶ。この2年間で研究の基礎をみっちり学び、自らの研究活動を深め、最終的にマレーシアへの研修旅行で英語による発表を行うことまで、カリキュラムに組み込まれている。

ＳＬＩ——知識のシャワーを浴びる

入学直後からスタートするＳＬＩでは、バラエティーに富んだ授業が毎週行われる。教壇に立つのは、ほとんどが学校外の講師だ。横浜市立大学を始め様々な大学の教員、研究機関の研究者、企業の技術開発担当者。いずれもＹＳＦＨの科学技術顧問であり、学校の応援団的存在の人たちばかりである。

開校前からサイエンスリテラシーの構築に関わり、その後も年間カリキュラムを作りながら担当教諭として指導を続けてきた小島理明は語る。

「講師の先生方には、それぞれに専門領域があります。研究者としての姿勢なり、技術なり、視点を見て将来に役立てるのはもちろん、話し方や経験の積み方、資料の作り方、研究対象との対話まで、すべてを見るのが勉強です。たとえ自分に興味のない分野であっても、1回1回の講座を繰り返しながらシャワーのようにたくさんの知識を浴びて、何らかの刺激を受けてほしいと願っているんです」

最初の半年の授業では、開校前から理科教育を共に考えてきた、横浜市立大学の教員の登壇回数が断然多い。「光のサイエンス」「海の生きもののサイエンス」「フラーレンとナノチューブ」「クローン動物からｉＰＳ細胞まで」など、サイエンスの最も基礎的な部分を、市大の教員が丁寧に指導する。

後半の授業は、企業研究者や外部研究機関の出番である。味の素による「おいしさとうま味」の授業や、宇宙科学研究所の研究者からの「宇宙に広がる生命」の話など、大人が見ても興味の尽きないテーマが並ぶ。

開校当初から少しずつ内容に改良が加えられてきたが、最近は授業の終わりの10分間に、必ずディスカッションの時間を設けるようになった。小島は言う。

「講義や実験の中で、疑問に思ったことや発見したことを、4人グループで話し合う時間を作りました。以前は質問者が発言するだけでしたが、小さなグループ単位にしたことで、全員が意見を出し合うようになった。そのうちいくつかのグループは、指名されたら発表をします。

このような授業内容の変化にも、先生方には柔軟に対応してもらっています。サイエンスリテラシーは始まって5年ですし、すごいノウハウがあるわけではないのですが、突然当てられても積極的に答える生徒たちの姿勢と、市大の先生方の理解があるからこそ、安心して進められています」

こうして1年間、生徒たちは知識のシャワーを浴び続け、様々な人と出会いながらサイエンスについて学び、将来を考えるようになる。

ＳＬⅡ――自分の研究テーマを決め、研究に打ち込む

ＳＬＩが終わりに近づく12月、生徒たちは次のステップへの準備に移る。1年近く受けてきた様々な講義を踏まえ、これから自分で行う研究内容を決めなければならない。その前段階として、まずはテーマと講座選びだ。ＳＬⅡでの研究テーマは、次の5分野となっている。

【生命科学分野】

細胞や遺伝子など様々なスケールで、生命現象の仕組みを学ぶ。

【環境・化学分野】

地球上で起きている様々な環境問題にアプローチし、環境の保全を考える。

【ナノテク材料・物理分野】

新素材や医療への応用が期待される、ナノ材料の生成や観察など、10億分の1メートルの

超微細な世界を体験する。

【情報通信・数理分野】

急速なスピードで発達してきたインターネットなどの情報技術。人間と機械のコミュニケーションについて考える。

【地球科学分野】

たびたび起きる地震や、岩石、天文などの研究を通して地球を科学する。

これらの分野に合計25の講座が設けられており、少人数のグループに分かれてゼミ形式で研究が進む。さらにそこから自分自身の研究テーマを見つけ、個々で研究を進めていくことになる。

研究テーマが決まるまでには、時間がかかる生徒も多い。座って授業を受けていればよかったＳＬＩとは違い、自ら能動的に動かなくてはならないからだ。高校生にとっては初めての経験ばかり。戸惑う人も多いと小島は言う。

「やりたいことがはっきりしている生徒もいれば、２年生の６月になっても、まだ何をしようか迷っている生徒がいます。ほかの生徒に遅れをとって本人も焦るし、表情は明るくありません。しかし、迷う時間も大切だと思うので、彼らが自分で結論を出せるようにやりとりを重ねます。毎年なんとか、全員が研究テーマを見つけていきます。研究自体は、始めれば１ヶ月でデータがとれることもあるので、それでいいと思うんですよ。自分で考え、行動していくプロセスが大事です」

ＹＳＦＨがほかの普通校と違うのは、最先端の実験設備や検査機器がそろっていることだ。それらの充実した設備を使って研究に打ち込む生徒も多い。

「とかく生徒たちは、先端のことをやりたがります。せっかくだから設備を使いたいという思いもあるのでしょう。でも本当は、着想が面白ければ、先端技術にふれなくてもいいと思うんです。また、実験は結果が出なければダメだと思っている生徒が多いのですが、結果の良し悪しは成績には関係ありません。着想と方向を間違えず、自分で研究を深めていければいいのです」

中には、研究材料を集めるのが難しいテーマもある。たとえば「カバの汗を分析したい」と言う生徒がいた。カバの汗がピンク色をしていることに興味を持ったという。ところがカバは神奈川県内にはおらず、上野動物園に行くしかない。発想は高校生らしくはじけていても、材料が揃えられなければ研究は無理だ。教員たちは、施設などに問い合わせて可能性を探るが、実現不可能な場合はあきらめなければならない。

「高校生の研究なので、専門の研究者から見れば突っ込みどころはたくさんあるでしょう。それでも、普通の研究者がやらないようなテーマを見つけたり、純粋に研究に突き進んで面白い結果を見つけられたら、私たちもうれしくなります。

教員に求められるのは、生徒が望む材料をそろえることや、少しのアドバイスをすること。そして、研究がうまくいかなくても、生徒があきらめないようにすること。あきらめても、次を考える根気を引き出すことを大切にしています」

生徒たちは夏休み返上で研究を重ね、ある程度の結論を導き出す。そして9月には個々に資料を作成して中間発表会が、10月には英文資料を携えてのマレーシア研修旅行が行われる。

自ら研究を深める「ラボラトリーノート」

サイエンスリテラシーでは、一人ひとりが「ラボラトリーノート」をつけている。ＳＬⅠでは、講義で学んだことを記録したり、実験のスケッチをしたり、データを記入したりする。ＳＬⅡに進んで各自の研究をスタートさせてからは、さらにノートが重要な意味を持ってくる。

ラボラトリーノートは、キャンパスノートのような普通のノートではなく、研究者が使うものを使用する。各ページの上部は「研究プロジェクト」や「サブジェクト」を記入するようになっており、末尾には「発明者」「記入者」「証人」がサインする欄がある。つまり、自分でつけるだけではなく他人に目を通してもらうノートだ。

特別科学技術顧問の小島謙一は、ノートの重要性について語る。

「自然科学の研究を進めていく場合、ノートをつけていないと、自分で何を考えたのか、どうしてそういうことをやったのか、あとで曖昧になってしまうんです。曖昧さや雰囲気で物事を片づけるのは、サイエンスではありません。それに、もしも大発見をした場合、ノートがオリジナリティーになる。たとえば特許申請で誰かと競争になったとき、どちらが早くノートにつけていたかが証拠になるのです」

また、担当教員の小島理明も言う。

「授業内容や実験結果などを、消えないようにボールペンで記入し、バディ（ふたり1組の仲間）と、教員が見ることになっています。学んだことを常に整理し、ノートに書くことで成長していくことができます。自分のノートが誰かの目にふれる緊張感を持つこと、誰かのノートを見て人の考えにふれることも大事です。ノートは評価対象ではありませんが、日々の研究で生かされています」

何人かの卒業生にラボラトリーノートを見せてもらったが、中はそれぞれとても個性的だった。すべてを英語で記入している人もいれば、実験内容をスケッチして細かい字でびっしり記入している人、自分で調べた資料をぺたぺたと貼り付けている人もいた。どの人にも共通するのは、研究に向かう真面目な姿勢だ。ノートを開くと、研究を進めていたときの熱い気持ちもよみがえってくるような。

SLⅢ――横浜市立大学チャレンジプログラム

3年生のSLⅢは、横浜市立大学への入学希望者を中心にした選択科目となっている。希望者は市立大学教員の指導のもとで研究活動を行い、レポートを発表する。

ここでのテーマは、何でもありだ。真っ白な状態から自由にテーマを見つけてもよいし、SLⅡの研究に関連するテーマでもよい。SLⅡでは何もかも初めてで、わからないままやっていたことも、一度経験を経ているため、納得しながら進められる。その結果、「研究の本当の楽しさが、SLⅢでやっとわかった」と語る生徒も多い。そして、この研究の総合評価をもとに、横浜市立大学国際総合科学部への進学者10人が決定する。

これら3年間のサイエンスリテラシーは、大学受験や進学には直接関係ないかもしれない。しかし、担当教員である小島は語る。

「サイエンスリテラシーでは、社会で活躍する多くの研究者と出会い、彼らの前に立って発表する機会が与えられます。これは生徒たちにとって、将来に大きな影響を与えるものでしょう。明確な目標を持てば持つほど、モチベーションも上がります。そのモチベーションは本人が気づかなくても、受験勉強へとつながっていきます。サイエンスリテラシーは、受験科目と相反するものではなく、生徒たちに勉強のエンジンをかけるものだと思います」

本書は、ＹＳＦＨの根幹となる授業「サイエンスリテラシー」の全貌を解き明かすことを目的としている。

第１章では、ＳＬＩの具体的な講義内容を、それぞれの先生方にうかがった。時代の先端に立つ研究者たちの、変化に富んだお話と高校生へのメッセージを受け取ってもらえたらと思う。

第２章と第３章ではＳＬⅡ、ＳＬⅢで行った個人研究について、卒業生に話を聞いた。さらに第４章ではプレゼンテーションのための英語の話も加えている。一緒に教室で授業を受けるような気持ちで、読んでいただけたらと思う。

第1章

サイエンスの基礎を学ぶ
サイエンスリテラシーⅠ

入学したばかりの1年生が受けるＳＬＩは、
シャワーのように多くの知識を浴びる授業。
大学の教員や外部企業の研究者から
サイエンスの基礎を幅広く学んでいきます。

光のサイエンス

篠﨑一英 先生
（横浜市立大学 学術院
国際総合科学群長兼自然科学系列長 教授）

ディスプレイの色とプリンターの色

スマートフォン、携帯ゲーム機、電子ブック。どれもみなさんが小さいころにはなかった製品でしょう。これらはすべて光の特性を利用したものであり、今後もどんどん進化し、増えていくはずです。光は自然の中にあるものですが、このように最先端の製品でも重要な役割を果たしているのです。

光とは何なのか——。まずは色の話から始めましょう。

テレビやパソコンのディスプレイは、赤（red）、緑（green）、青（blue）、のRGBを使ってフルカラーを表しています。液晶画面を拡大してみると、この3つの色のピクセル（画素）が見えます（写真1）。一方プリンターは同じフルカラーでも、シアン（cyan）、マゼンタ

(magenta)、イエロー（yellow）、のCMYで表されます（写真2）。なぜ違うのでしょうか。

　ディスプレイは自分で光っている色で、赤と緑と青の3原色で表されます。赤と緑を混ぜるとイエローに、緑と青を混ぜるとシアンに、青と赤を混ぜるとマゼンタになります。3つの色を同じだけ混ぜると白く光ります。

　一方、プリンターは光に照らされ、光の吸収によって生じる色です。シアンは赤い光を吸収し、マゼンタは緑の光を吸収し、イエローは青い光を吸収してこの色に見えます。

　パソコンではそれぞれの色を設定できるようになっており、0からFまでの16個の文字2桁を使って、RGBの光強度を表しています。16×16＝256がRGBそれぞれの色の最大数で、シアン（水色）は、緑256と青256を足したもの。すべての組み合わせにより、約1600万色が表現できます。

光は波である

　光は、電磁波の一部の波です。青い色の波長は短く、緑は中くらいで、赤は長い。光は電磁波の一部なので、その波長はナノメートルという単

写真1　液晶ディスプレイを拡大すると…

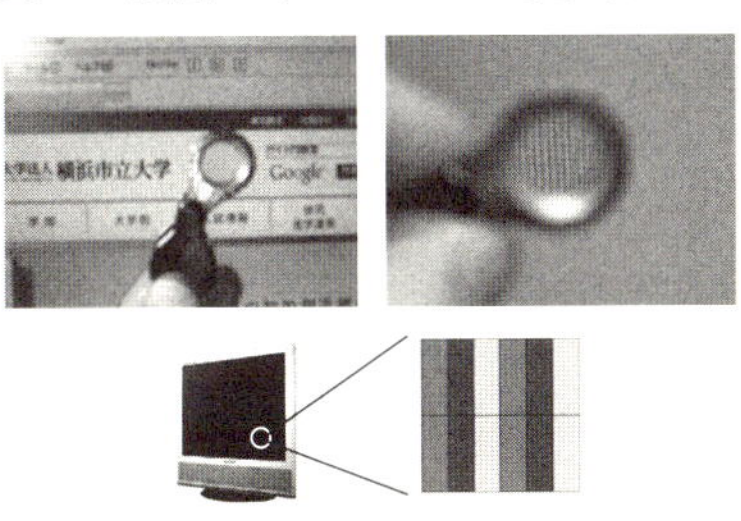

写真2　印刷物を拡大すると…

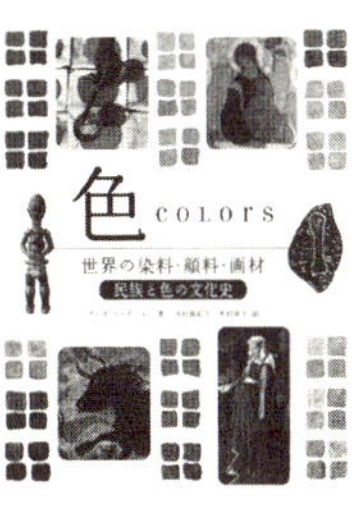

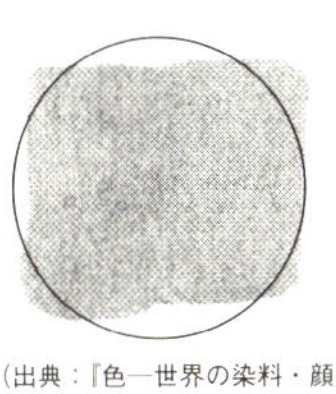

（出典：『色―世界の染料・顔料・画材 民族と色の文化史』アンヌ・ヴァリション著、河村真紀子・木村高子訳、マール社）

位で表されます。可視光線はたくさんある電磁波のうちの一部で、波長４００ナノメートルから７００ナノメートル。紫外線はそれより短く、赤外線はそれより長い波長を持っています。

太陽の表面温度は６０００℃で紫外線、可視光線、赤外線など様々な光が放出されています。その分布曲線（スペクトル）を見てみると、黄色の光が最も強く出るように分布しています（図１）。もし、太陽の温度がもっと高ければ、ピークの位置がずれて紫外線がさらに多くなり、温度が低くなれば赤外線がもっと増えるでしょう。みなさんは中学生のとき、白い星は温度が高く、赤い星は温度が低いと習ったことを覚えていますか。太陽の光の話もそれらと結びついています。

一方、人工光のスペクトルを見てください。このグラフは、蛍光灯（図２）、液晶モニター（図３）、ＬＥＤ（図４）の光の分布です。いずれも白く光りますが、蛍光灯には一定の波長だけが光る輝線があり、バックライトを使う液晶モニターにも同じような輝線が出ています。ところが、ＬＥＤは青い光と白い光を混ぜて白く光っています。人工の光にも、様々なものがあるとわかります。

図１　太陽光の分布曲線

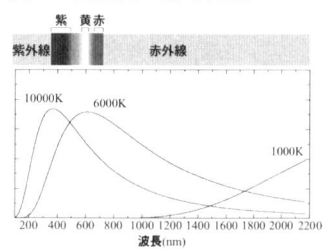

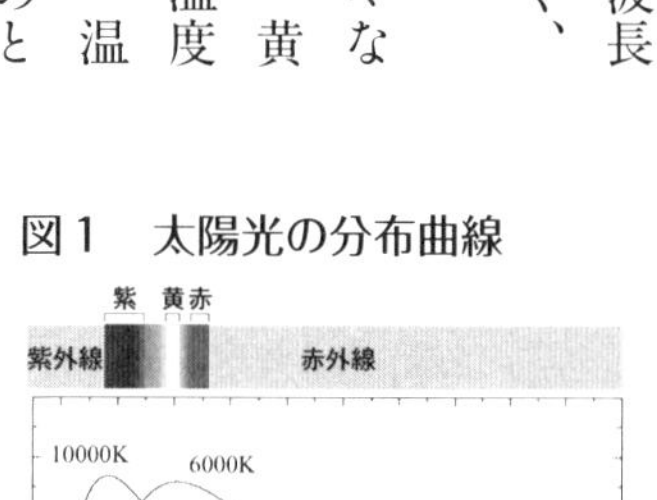

図２　蛍光灯の光の分布

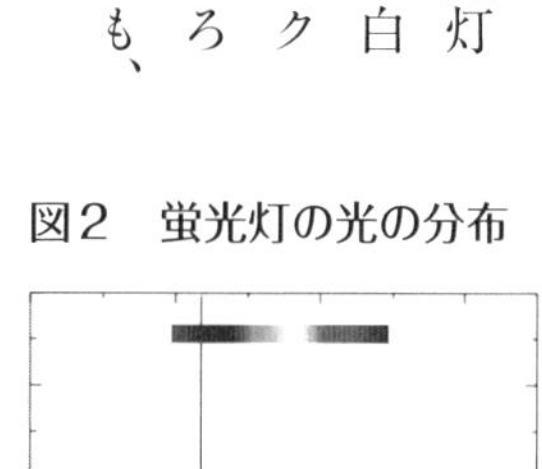

虹が7色に見えるのは？

光は分光することによって、虹として見えます。プリズムに入ったときと出るときでは、波長の違いで屈折の仕方が異なるからです。波長の長い赤い光より波長の短い青い光のほうが、よく屈折します。

では、自然の虹が見える条件とは何でしょうか？

第1に、雨上がりであること。プリズムの役目を果たす水滴が必要です。第2に、晴れていること。太陽の光がなければ虹は見えません。第3に、太陽を背にしていること。自分が立っている場所の背後から光が来て、太陽とは反対側に見えるのです。太陽と反対側の空にある水滴が光を反射させます。下のほうにある水滴からは浅い角度で反射した青い光が目に入り、上のほうにある水滴からは深い角度で反射した赤い光が目に入ります。そのため、虹は下のほうが青く、上が赤く見えるのです。

また、虹は二重に見えることがあります。これは水滴の中で2回の反射が起きたもの。そのぶん2本目の外側にできる虹の光は弱くなり、色も逆転します。虹が出たときにはよく観察してみましょう。

分光によって虹色が出るものには、CD、シャボン玉、螺鈿《らでん》細工、ブロッケン現象、玉虫、オパールなど、様々なものがあります。それぞれ

図3　液晶モニターの光の分布

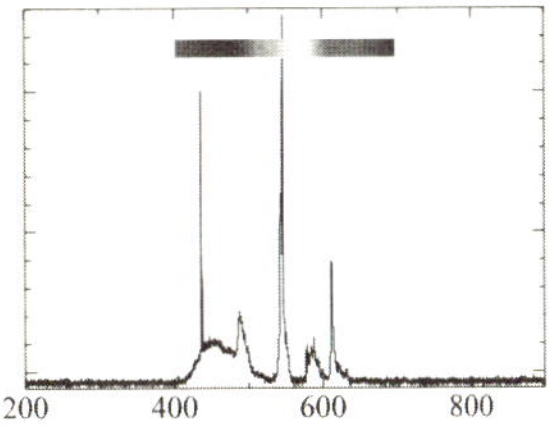

図4　LEDの光の分布

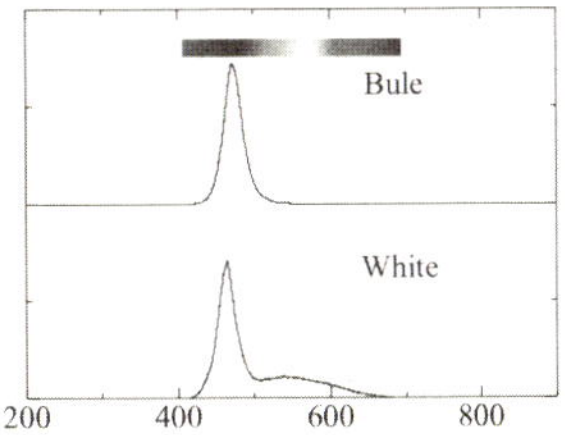

原理は違いますが、基本的には光が波長によって分けられているのです。

空の色はなぜ青い？

空から光の筋が降り注いでいるように見えることがあります。これはチンダル現象と言って、大気中の微粒子が太陽の光を散乱させて起きるものです。長い波長の光より、短い波長のほうがよく散乱します。

空の色はなぜ青いか考えたことはありますか？　空の向こうの宇宙は黒いのに、空が青いのは不思議だと思いませんか。地球には、太陽からの光がやってきます。そのとき、波長の長い光は直線的に地球に到達しますが、波長の短い青色光は散乱されながらやってきます。そのため、太陽から目を離すと、青い光しか来ていないように見えます。

夕焼けのときに空が赤くなるのはなぜでしょう？　答えはここでは言いませんので、自分でその理由を考えてください。

では、水は何色だと思いますか？

「地球は青かった」という宇宙飛行士の言葉をよく聞きます。海の水が赤い光を吸収しているために、青く見えています。しかし、コップに汲んだ水は透明です。また、水色という表現の仕方もあります。赤い光を吸収するため青に見える。ただし、吸収の仕方が弱いため、コップに入れたくらいでは透明にしか見えません。大量に集まったとき、透明だと思っていたものが重なって見えて青くなるのです。

液晶ディスプレイの仕組み

偏光という言葉を聞いたことがありますか？　光は波の性質を持ち、普通の状態では様々な方向に振動する波が混ざっています。その光を一方向にしか振動しないようにしたものが、偏光です（図5）。たとえば、スキーやスノーボードをするときにゴーグルをしますね。あれは、偏光ゴーグルと言って、偏光板を使ったもの。ゴーグルをすると、縦に振動する波だけが通り抜けるのです。

偏光板を通してみると、車のフロントガラスに反射する光が消え、はっきりと車の中まで見えるようになります。釣りへ行ったときサングラスをかけると、波の反射するキラキラする光が見えなくなるし、スキーに行っても反射光が気にならず、こぶの斜面がはっきりと見えるようになります。

この仕組みを使ったのが、液晶ディスプレイです（図6）。プラスティックの偏光板を通すと、偏光した光だけを通します。そこに液晶の分子を入れ、偏光板が90度の角度になったときだけ、光が抜けるような配置にしてあります。そこに電気を入れると光が通らなくなり、電気をオフにすると光が通るようになるのです。

図5　偏光の仕組み

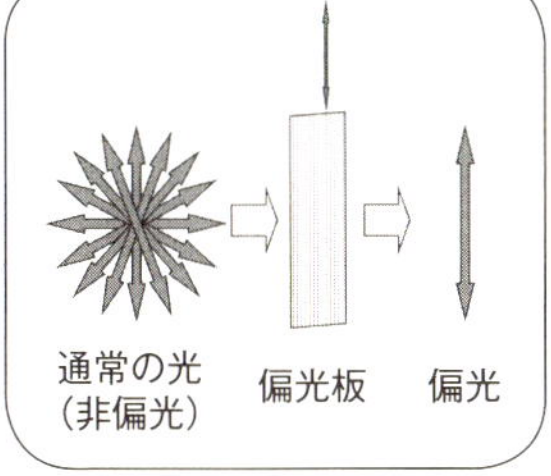

図6　液晶ディスプレイの仕組み

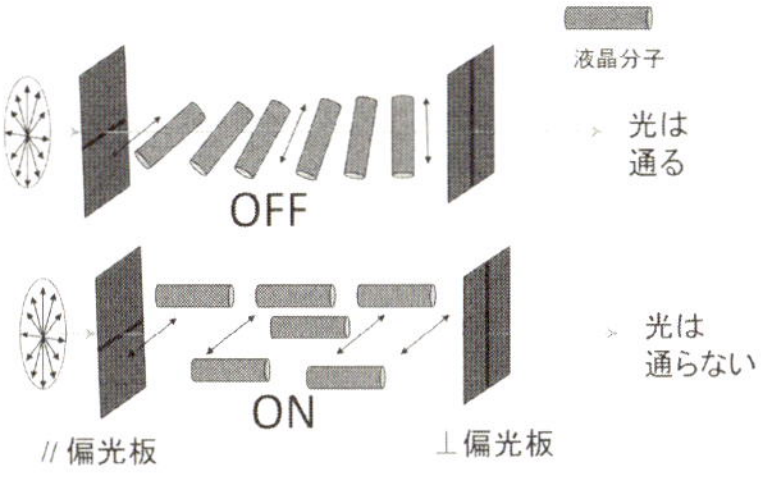

最近では３Ｄの映画やディスプレイも登場しています。同じシーンを右目用、左目用カメラで撮影し、右目用画像は右目で、左目用画像は左目で見ると、立体的に見えます。実際の映画館では、円偏光を利用した方式か、液晶シャッターで右目と左目を同期させて見る方式が採用されています。

光の共鳴、発光エネルギー

ドコモの携帯基地局の電波しか飛んでいないところで、ソフトバンクの電話は通じません。これは、周波数（波長）が違うからです。同じ長さのひもに重りをぶらさげておくと、一方を揺らすともう一方も揺れる。これは共振と呼ばれる現象で、一定の周波数（波長）の電波を受信する携帯電話と同じことです。光の吸収も、同じ原理で起こっています。

電気を流せば光るし、光を電気に換えることもできる。光はエネルギーそのもので、紫外線、熱、電気、摩擦、化学反応など、相互に変換ができるのです。なぜ光るかというと、様々な現象によって物質中の電子がエネルギーをもらって高い状態になっており、元に戻るときに余分なエネルギーを出して光るのです。

また、ホタルやホタルイカ、光るキノコなどの発光性タンパク質ＧＦＰは、医学研究に応用されています。

植物は光エネルギーを吸収して、光合成により二酸化炭素を糖に変換しています。最近は、人工光合成の研究が盛んに行われています。

身近なものに興味と疑問を持つこと

この授業は、入学直後の4月に行われるサイエンスリテラシー最初の授業です。あまり難しくないように、しかし簡単なことだけでは面白くないので、勉強の動機づけになるよう、光についての幅広い話をしています。

高校生となったみなさんには、身近なことに興味を持ち、「なぜだろう？」と疑問を持つことを大事にしてほしい。当たり前のように思っていても、じつは説明のつかないことはたくさんあります。

光は生活のあらゆるところに関わってくるので、広がりがあることが伝わればいいと思っています。ひとつの話を掘り下げていくことの面白さを感じてほしい。今はわからなくていいのです。勉強を重ねていけば、深く理解できることがいくつも出てくると思います。

感動しつつ科学を楽しく

藤嶋 昭先生
（東京理科大学学長　横浜サイエンスフロンティア高等学校スーパーアドバイザー）

空の不思議

空はなぜ青いのでしょう。これは、誰もが不思議に感じることです。ニュートンは１６６５年ごろ、太陽光に様々な色が混ざっているという発見をしました。青く見えるのはホコリによって光が散乱しているからだと思われていましたが、その後イギリス人研究者のチンダルが、空気中の酸素や窒素が太陽光の青い光を散乱させることを証明しました。

では、夕焼けはなぜ赤いのでしょう。それは太陽の光が斜めになって光が届くまでの距離が長くなり、散乱しやすい青は散り、散乱しにくい赤い光が届くからです。

雲はなぜ白いか考えたことがありますか。雲は水滴や小さな氷の塊です。その微粒子は０・０１〜０・０２ミリメートル。太陽の光がそれに当たって様々な方向に乱反射するので、色が消えて白く見えるのです。

日本では、雷が鳴ると豊作になると言われます。なぜなら太陽の光が田んぼにたくさん当たり、水が蒸発して入道雲ができ、それによって適度な雨が降るため、「稲妻」と呼ぶほど喜ばれたのです。ところが、近代になってさらにわかったことがありました。雷の放電により酸素と窒素が反応して、空気中で天然の肥料ができるのです。これも、豊作のもとになっています。

５０年、１００年先の未来のために

現代科学の研究者の代表は、アインシュタインです。特に彼の研究した特殊相対性理論は、今の私たちの生活に大きな恩恵を授けてくれました。研究が行われたのは１９０５年のことですが、おかげで現在のナビゲーションシステムの精度が上がり、１００年後の今、便利な社会が築かれているのです。

私が作った本に『時代を変えた科学者の名言』（東京書籍）があります。ピタゴラスから始まって１０８人の科学者の名言を紹介しました。私が最も尊敬するのは『ロウソクの科学』（角川文庫）を記したファラデーです。彼は高等教育を受けていませんでしたが、ロンドンの製本屋で働きながら、自分が製本した本を読んで学びました。そして21歳のときに王立研究所のデービー先生の講演を聞き、それがきっかけで同研究所の科学助手となりました。このような、科学者の先達に学ぶこともとても大切です。

40年以上も前、私は光触媒の研究をしました。酸化チタンを水の中に入れて光を当てると、酸素と水素が出てきました。これをネイチャー誌に発表したところ、ヨーロッパで注目され、その後日本でも、元旦の新聞のトップ記事になるほど注目されました。

その光触媒が、今はビルのセルフクリーニングや、鏡やガラスの曇り防止など、様々なところで利用されています。40年以上も前の研究を、今評価していただいているのです。研究とは、50年、100年先の未来のためでもあります。

研究を支えるのは「人」と「雰囲気」

研究をいちばんに支えるものは、お金ではありません。人です。さらに言えば、雰囲気です。

研究者ではありませんが、印象派のオルセー美術館に飾ってある絵を描いた、ゴッホやモネやゴーギャンは、みんな知り合いでした。今から100年前のパリにいた人たちです。それよりさらに前の時代のフィレンツェでは、ダ・ヴィンチ、ミケランジェロ、ラファエロが同時期に登場しています。振り返って日本を見ても、鎌倉時代に道元、法然、栄西、親鸞など、仏教の偉大な指導者が輩出しています。道元は言いました。

「霧の中を歩めば　覚えざるに衣湿る」

霧の中を歩いているときには気づかないけれど、帰って来ると衣が湿っている。つまり、そこにいるときはわからなくても、周囲の影響を大きく受けるのが人間です。

勉強や研究も同じこと。同じ時代に、よい仲間とよい雰囲気のもとで一所懸命学べば、特別な力が出てきます。そのためにはまず、よい本を読みましょう。読んで基礎的な学力を培うのです。ピラミッドは、260万個の石をひとつひとつきれいに磨いてあるから、4600年以上たっても崩れていません。しかし、その後に作られたものは、基礎がしっかり作られていなかったため、すべて崩れてしまいました。

基礎をしっかり勉強しましょう。仲間と学ぶ空気を大事にしましょう。そして、様々なことに関心を持ちましょう。私は、高校生のみなさんに、期待しています。

病理組織学入門

長嶋洋治 先生
（横浜市立大学大学院 医学研究科
分子病理学 准教授）

病理学という学問、病理医という職業

病理学という言葉には、それほどなじみがないかもしれません。しかし、病気を診断する上では欠かせない学問です。

医学部では、最初に解剖学や生理学や生化学で、体の正常な仕組みを勉強します。その次に、病気が起きると体の仕組みがどうなるかを学びます。これが病理学です。そのひとつの手段として顕微鏡で組織を見て、その病気がどんな形をしているかを勉強します。これを実際の臨床に応用したのが、病理診断です。

たとえば、胃ガンが疑われたときには内視鏡で検査をしますが、潰瘍があった場合には小さく組織を取って調べます。ガンなのか、炎症なのか。ヘリコバクター・ピロリが感染しているのかどうか。それぞれの場合で、治療法が違っ

てきます。

病理診断を担当するのは、専門病理医です。東京都に３９６人、神奈川県に１２７人、大阪府に１６５人の専門病理医がいますが、都市部を離れると少なくなるのが現実です（平成25年9月1日現在）。

全医師の中で、病理医は０・５％程度。人口当たりの専門病理医数は、アメリカの５分の１くらいです。一般的にもあまり認知されていないため、なかなかこの仕事を選択する人がいません。しかし、病理医の仕事は非常に間口が広く、いくら人がいても足りないというのが実情です。

私は学生時代、サッカーのゴールキーパーをしていました。病理医とは、医療におけるゴールキーパーだと思っています。病理診断によって病気の攻撃を食い止め、病理診断という形でカウンターアタックのボールを臨床の医師に出す。ここを抜かれたらあとがありませんし、誤診もあってはなりません。

病気は星の数ほどあり、人間の臓器には様々なものがあります。消化管、呼吸器、肝臓、胆嚢、膵臓、神経、内分泌系、泌尿器系、生殖器……。病理医の世界も、それぞれが得意とするジャンルがあり、専門は細分化しています。私はガンを専門にしており、特に泌尿器系のガンを研究しています。しかし、病院で病理診断をするときには、来るものはすべて診ます。わからないもの、難解なものがあるときには、その分野の専門家にコンサルテーションして、さらに追究してもらうことになります。

ガンとは何か

すべての生命は細胞からなっています。細胞には様々な種類があり、増殖し、分化し、やがて死んでいきます。これらの細胞は同じ遺伝子のセット（ゲノム）を持ち、組織を作り、私たちの臓器や器官を形成しているのです。

細胞は大きく、「上皮細胞」と「非上皮細胞」に分けられます。上皮細胞とは、組織の表面を覆っていて、物質の交換をしたり微生物や異物の侵入を防いだりするバリアの役割をしています。非上皮細胞とは、上皮以外の筋細胞、神経細胞、骨細胞、軟骨細胞、血球細胞などを指します。遺伝子変異により、これらの細胞に腫瘍ができることがあります。腫瘍とは、体の仕組みの中からはずれて、勝手に増殖していく細胞集団のこと。ひと口に腫瘍と言っても様々で、良性の腫瘍もあれば、悪性の腫瘍もあります。

子宮筋腫などの良性の腫瘍は、大きくなる速度が遅く転移することがないため、全身に与える影響はそれほど大きくありません。一方、胃ガンや大腸ガンなどの悪性の腫瘍は、発育のスピードが速く、転移をきたし、全身に深刻な影響を与えます。

腫瘍は遺伝子の異常から生じる疾患ですが、ひとつの遺伝子の異常だけではガンにはなりません。タバコやウイルス、放射線や紫外線などによる外からの要因、遺伝やホルモン環境などによる内的要因といった、様々な要因が蓄積することによって引き起こされるのです。

また、細胞の中にはガン遺伝子のほかにガンを抑制する遺伝子もあります。それぞれが機能することによって体のバランスがとれていますが、ガン抑制遺伝子が働かなくなることで、ガン遺伝子が活性化する場合もあります。

次に、腫瘍細胞が、顕微鏡で見るとどうなっているのか、見ていきましょう。

胃の組織を見る

まずは、正常な組織を見ていきます（写真1・2）。紫色に見えるのは核で（印刷上、グレーに見えます）、この小さな枠のひとつひとつが細胞です。粘膜の組織が表面にあり、その下には筋肉があります。胃は単なる袋ではなく、動いて食べものをもみほぐしたり消化したりするので、筋肉が備わっています。また、筋肉があるだけでは動かないため神経も通っているし、栄養を供給する血管があって血液が流れています。

正常な胃の粘膜上皮は円柱状で、ここから胃液や胃酸が分泌されます。しかし、ヘリコバクター・ピロリに感染した胃は、上皮が崩れてしまいます。写真3は、ヘリコバクター・ピロリの抗体を使って組織を染色したもの。細かい粒が見えますね。これが、ヘリコバクター・ピロリです。

ヘリコバクター・ピロリの名は聞いたことがある人も多いと思いますが、1989年に発見された菌で、胃潰瘍や胃ガンを引き起こす危険性

写真１　正常な胃の組織

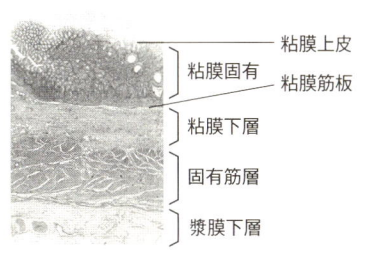

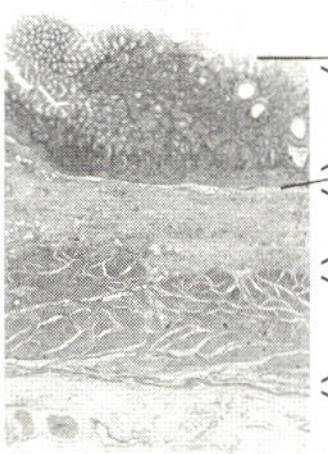

写真２　正常な胃の粘膜上皮

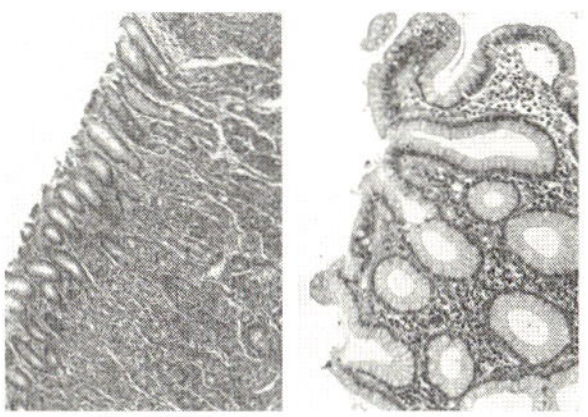

一層の円柱上皮で、胃液や胃酸を分泌する

があります。これが発見される以前は、胃の内部は胃酸によってペーハー1～2の強い酸性が保たれているため、菌などいるわけがないというのが一般的な考え方でした。

私も病理学教室に入ったとき、顕微鏡をのぞいて「先生、何かがいます」と言ったところ、「そんなのはゴミだ」と言われた経験があります。しかし、じつは菌がいた。このことは、どんな些細であっても真剣に突き詰めていかなければならない事例として、自戒を込めていつも学生に話しています。

写真4は、胃ガンの組織です。写真2の正常な胃に比べて、核の構造がバラバラで迷路状になり不規則になっていることがわかるでしょう。このガンは粘膜下層に留まっているので早期ガンですが、筋層の中に入り込むと進行ガンとなります。また、このガンは管状構造を作っているので、分化度の高い腺ガンということになります。

もうひとつ、写真5の印環細胞ガンを見てみましょう。こちらのガン細胞は、ふわふわ浮くような形になって互いに結合はしていません。しかし先ほどのガンと比べると、こちらのほうがよほどたちが悪いと言えます。正常細胞と構造が似ていないものほどたちが悪く、深く進めば進むほどたちが悪いのです。このガンが胃の壁の外に達すると、おなかの中全体にガンが広がってしまいます。

写真３　ヘリコバクター・ピロリによる胃炎

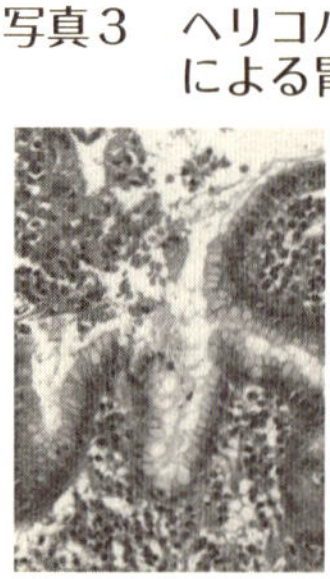

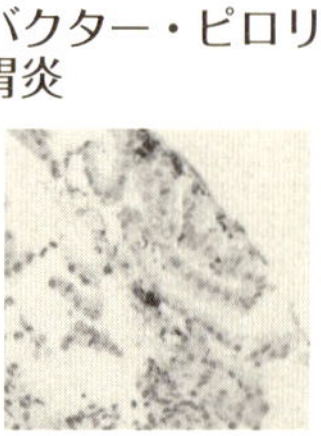

ヘリコバクター・ピロリに対する免疫組織化学染色

写真４　胃ガン、高分化管状腺ガン

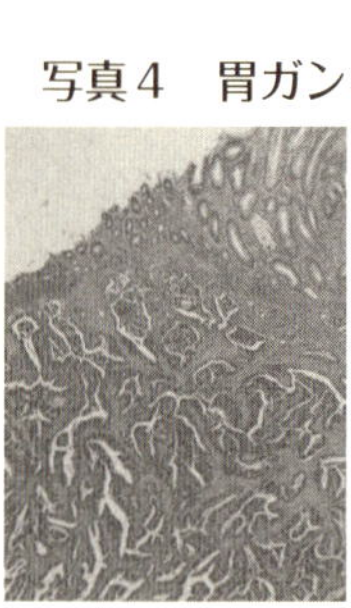

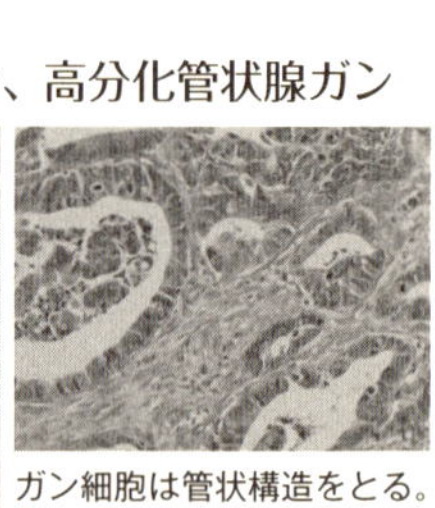

ガン細胞は管状構造をとる。まだ発生母細胞の面影を少しは残している。

ガン治療では、このように細胞の特徴を見きわめて病理診断を行うことで、患者さんが外科的切除をするのか、放射線照射をするのか、抗ガン剤を使うのかなど、治療方針が決定していきます。

病気から現代の問題を知る

写真6は正常な大腸の粘膜上皮です。規則正しく並んでいますが、ガン化すると形が崩れます。

写真7は正常な肺の細胞ですが、写真8（喫煙者）と写真9は肺線ガンになった細胞です。また、アスベストを吸い込むと、肺の中にはアスベスト小体が形成されます。さらに、肺の表面の胸膜中皮細胞がガン化し、悪性中皮腫を引き起こします。

アスベストは、建築用の断熱材などに長年使われていました。発ガン性が問題になったため現在は使用が規制されています。しかし日本は、先進国の中でもアスベスト規制への対応が遅かったので問題が大きくなってしまいました。発ガンまでの潜伏期間が30年と長いため、悪性中皮腫の患者さんは、これからも増えると言われています。

医療系大学の入学試験には、小論文や面接があります。そこでは必ず「近頃、医療で社会的な問題となっているのは何か？」と聞かれます。

写真５　胃ガン、印環細胞ガン

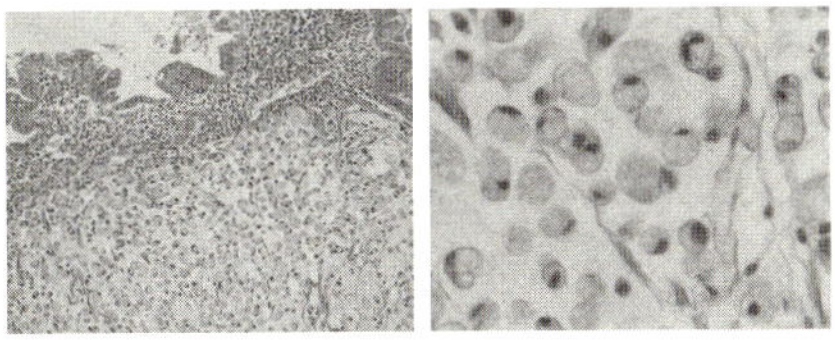

粘液を細胞質内に貯留し、圧排された核を有する腫瘍細胞からなる。発生母細胞の面影はない。写真４に比べてたちが悪い。

写真６　正常な大腸の粘膜上皮

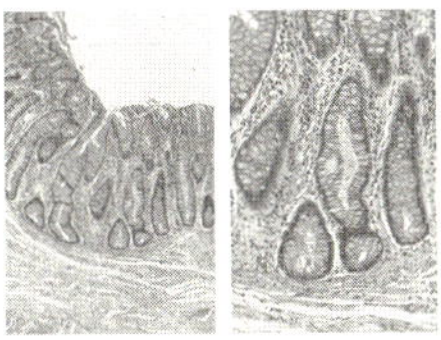

消化管内容から水分の再吸収を行う（消化、栄養吸収は小腸）。

たとえば、「再生医療についてどう思うか」とか「クローン人間についてどう思うか」など。アスベスト問題もそのひとつです。

大学側は、このような問題をはっきりと把握して、自分のこととして考えられる人を求めています。問題に対する考え方はいろいろあるので正解は決まっていませんが、「この考えとこの考えがあるが、自分はこちらだと思う」と、はっきり言えること。それがなぜかを説明でき、ほかの考えを受け入れてディスカッションもできる、柔軟な姿勢を持つ人材が求められています。みなさんには、多くの社会問題や医療問題に心を寄せ、常に考えておいてほしいと思います。

最後に

私の父は、若くして病気で亡くなりました。その後、多くの方々に励まされ、医学の道を志しました。もうひとつの夢は歴史学者で、トロイ遺跡を発掘したシュリーマンにあこがれていました。そのふたつのベクトルがちょうど合ったところが、病理学でした。

医学部在学中に『最後の診断』（アーサー・ヘイリー著、永井淳訳、新潮文庫）という本を読み、病理学者について知ったことがきっかけです。顕微鏡の診断によって病気がわかり、患者さんの治療方針が決ま

写真７　正常な肺の細胞

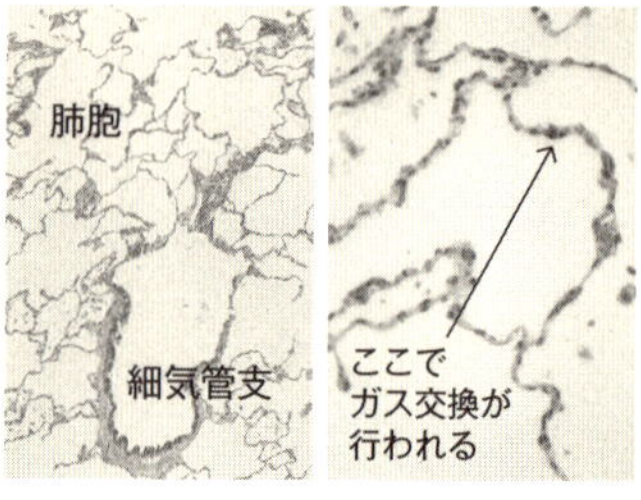
肺胞
細気管支
ここで
ガス交換が
行われる

写真８　非喫煙者(左) vs 喫煙者(右)

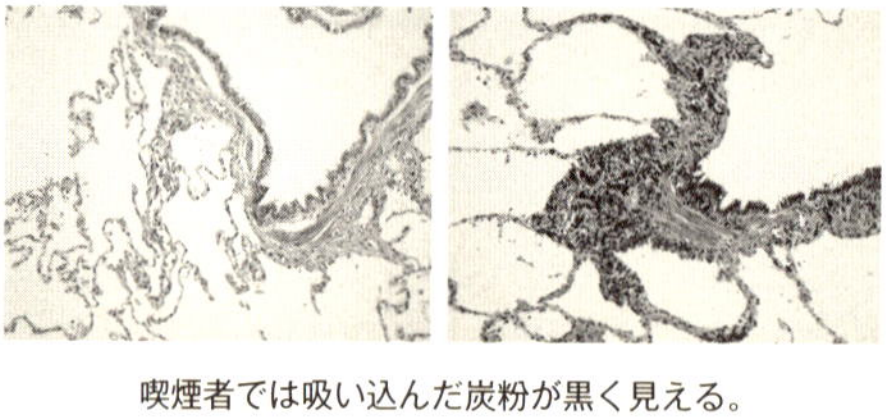

喫煙者では吸い込んだ炭粉が黒く見える。

る。医師免許を持ちながら研究ができ、臨床とも離れない仕事と知って、「これだ」と思いました。

病理医はまだまだ認知度の低い職業なので、この授業を通して知ってもらうことを期待しています。また、病理学をひとつのきっかけとして、病気予防や生活改善の必要性に気づいてくれるとうれしいです。

写真９　肺腺ガン

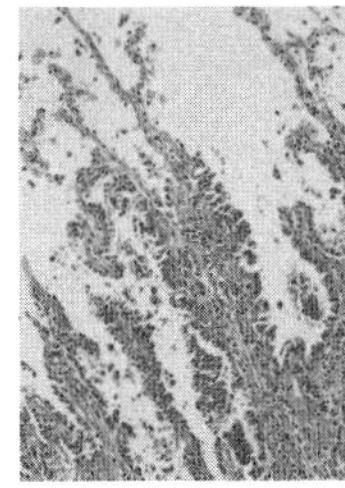

「なぜ？」が考える力を育む

種田保穂先生
(横浜国立大学
教育人間科学部 教授)

生物の色には意味がある

理科は考える教科です。考える力を身につけるには、「なぜ？」という疑問がないといけない。「なぜ？」を考えることで、理科は面白くなるし、考える力が伸びていくからです。「なぜ？」という疑問を持つには、気づきが必要です。気づかなければ、何も思いつきません。

本やネットに書かれていることを疑うことも必要です。スイス生まれの博物学者ルイ・アガシーは“Study nature not books.”と言いました。真実は本の中ではなく、自然の中にあると教えてくれる言葉です。

まずは、身近にある「なぜ？」を考えていきましょう。花にはなぜ色がついているのでしょう？

花の色素には2種類あります。アントシアニンとカロテンです。これらの色素は紫外線によって生まれる活性酸素の害から種を守っています。守るだけなら何色でもよいのですが、黄色はアブ、白はハナムグリ、赤はアゲハチョウなど、昆虫が好きな色です。植物は、どの昆虫に来てほしいかによって花の色を変えます。

昆虫や両生類は緑色のものがいるのに、なぜ緑色の哺乳類はいないのでしょう？

哺乳類を捕食するネコ科の動物は色が識別できないため、色で目立ったり、身を隠したりする必要がありません。それに比べて鳥は色がわかります。植物についても、鳥が食べる実は鮮やかな色をしており、哺乳類が好む実は色が地味です。

魚の色が、棲息する深さによって変わるのはなぜでしょう？

浅い場所では黒と白、黄色と白など縞模様の魚が多く、深いところでは赤、深海では黒い魚が多くなります。太陽の光は、色の波長によって通る深さが違うからです。縞模様は「分断色」と言って目立ちません。地上に暮らすシマウマも、群れになると姿が見えにくくなります。

多くの生きものは、目立たない色で敵から身を守ります。背景に溶け込んだり、枯葉に化けたり、樹皮やコケや花、糞にまで化けることも。反対に、目立つ色も身を守ります。毒を持つものは、目立つ色をしていて、テントウムシもそのひとつ。鳥は食べてまずかったということを覚えているため、次は食べません。その目立つ色に似せる擬態もあります。

生物の形にも理由がある

色に理由があれば、形にも理由があります。動物は左右相称で、植物は放射相称の形をしています。動物が植物といちばん違うのは、エサを求めて動き回ること。動く機能と左右相称は結びついているのです。動物でもあまり動かないものは放射相称になっています。

最近は、生物の機能や形から学んだ道具を、人間が作り出しています。これをバイオミメティックスと言います。たとえば、新幹線の先端の形。最初は丸く愛嬌のある形でしたが、現在ではカワセミの嘴のようになっています。これは高速でトンネルに入るときの衝撃音をなくすため、変化していきました。また、新幹線のパンタグラフには、フクロウの羽根の形が生かされています。フクロウは飛ぶときにまったく音を立てません。風切羽根という部分が鋸の刃のようになっており、それがパンタグラフに用いられているのです。

ほかにも、ハスの葉の表面が水をはじく構造を真似た超撥水布地、蚊の針の細さを真似た痛くない注射針、ひっつき虫から生まれたマジックテープなど、生物が持っている機能を人間の役に立てようと、様々な商品が開発されています。

真鶴でのフィールド実習

以上のような授業を踏まえ、40人ほどの希望者と共に、毎年真鶴を訪れます。現地では磯に繰り出し、様々な生物を観察します（写真1・2）。

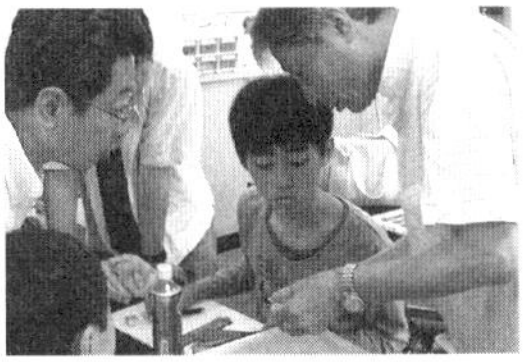
写真1、2　真鶴でのフィールド実習の様子

この実習でも大切にしているのは「何がわかったか」ではなく「なぜ？と感じること」です。最初はそれがなかなか出てきません。

しかし、たとえば「なぜ、カニには足がたくさんあるのだろう？」と思ったとします。いちばん前の足がハサミに変形しています。「なぜ、いちばん前がハサミなの？」「なぜ、後ろではダメなの？」と考えていくと、次々に疑問はわいてきます。

気づきを増やすためには「なぜ？」と考えるクセをつけること。生物の色や形には、すべて理由があります。その理由を考えましょう。なぜだろうと考え、説明していくことを繰り返すと、それがまた考えることにつながっていくのです。間違えても、的外れでもいい。「なぜ？」をそのまま終わらせないで、答えを考えていきましょう。

海の生きもののサイエンス
——環形動物の形態

大関泰裕先生
（横浜市立大学大学院
生命ナノシステム科学研究科 教授）

海の生きものは医学研究にも役立つ

海は生物の宝庫です。その数と種類は非常に多様なものがあります。そして、海は生命起源の場所。生きものにとって、大事な遺伝子が存在する可能性を秘めています。

海の生きものの筋肉や細胞分裂の仕組みは、基礎研究だけではなく、医薬につながる研究にも役立っています。たとえば筋肉がなくなっていく病気や、細胞が変化していく病気。これらの仕組みを明らかにする医学の研究者が、臨海実験所のような場所で海の生物を使い原因を突き止め、大きな発見につながった例が多数あります。

医薬の世界と海は一見遠くに見えますが、医学の研究者が臨海実験所に行って研究を行うと、それまでとは違った発想で物事を見ることができます。マウスや人ではなく、変わった形の海の生物の性質を知ることによって、新たなひらめきが生まれるのです。

生存競争に弱い海の生きものには、自分の身を守るために毒を持つものが多く存在しますが、この毒を人の抗ガン剤に用いる研究が行われ、現在、クロイソカイメンから得られた化合物は、乳ガンの薬に役立っています。

当たり前と思うものでも、見方を変えると新たな発見が見える。そういう視野を、この時間で気づかせたいと思います。

「科学の伝道者」になって

勉強の前に、みなさんに目指してほしいことが３つあります。

ひとつは、科学を、図示や、やさしい言葉で他人に伝えるということです。一般の人にとって、「科学はまだまだ専門的で難しい」という先入観がありますが、時代の成熟と共に、難しいと言っていられなくなります。科学業界の我々は、一般の人がわかるようにどんどん科学をやさしく楽しく紹介して、世界を明るくしていくべきです。科学のほんもの体験をしてきたみなさんには、「科学の伝道者」になってほしいと思っています。それには、自分の専門以外のものにも興味を持つことが大事です。理解したことを、簡単な言葉で伝える力を身につけてください。

ふたつめは、独創は模倣から生まれてきたということ。サイエンスには独創性が大事ですが、まったく何もないところから生まれるわけではありません。過去にあったもともとのお手本に、わずかに違ったものを加えて、新しい発見が生まれます。後世に残っていくものは、模倣であっても、少し時代を先取りするセンスが加えられたものだと思います。

3つめは、生物の生存には、環境の変化に適応する力が大事だということです。今日まで生き残ってきた生物は、強かったというよりも、周囲の環境変化に適応してきたものばかりです。海の生物は、年間を通して海水温度の影響を受け、サンゴのような生きものでは、一定の温度以下では排卵ができません。環境の変化に耐えられず、いずれは消えてしまうかもしれません。地球温暖化により、適応できなくなる種類もあるでしょう。一方で、意外な生物が変化に適応し、生き続けていくことでしょう。

同じく、人間の生きる環境も刻々に変化し、考え方や流行も変わります。それに乗り遅れない気持ちが大切です。教科書はとても大切な本ですが、それは過去のもの。研究は今、目の前で起きている最新を見ることができるので、瞬時に興奮できる人になってほしいと思います。

イシイソゴカイを観察しよう

海の無脊椎動物の多くは、カンブリア期に出現したと言われています。ゴカイは環形動物。意外にかわいい目を持ち、強い再生力があります。それでは、イシイソゴカイを観察しましょう（写真1・2）。

写真1・2　再生医学にも役立つイシイソゴカイ

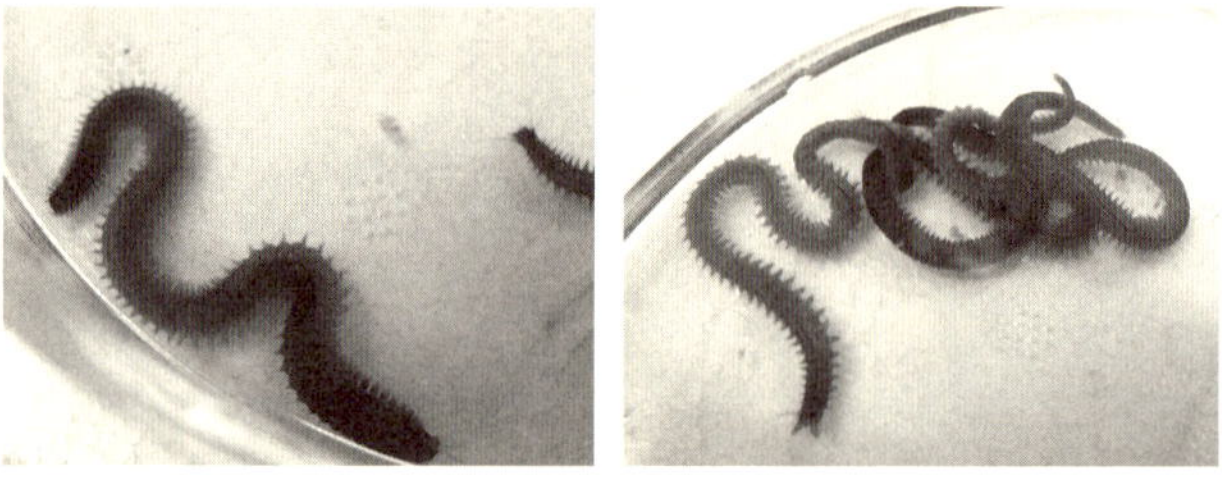

ひとり1匹のイシイソゴカイを、光学顕微鏡で観察し、体の内側、外側の観察から、ほかの生きものと比較してみます（図1）。ほかの生きものとの違いを「なぜ？」と考えてみること。そのためには、自分独特の観察眼が必要で、この観察眼はグループで話をするときにも大事なものです。顕微鏡で観ると、イシイソゴカイにも血液が流れているのが見えます。1分間に何回くらい血管が収縮するのか、数えてみましょう。動き方もよく見ましょう。

イシイソゴカイは光を嫌い、海中でも砂に潜っているので、強い光が苦手です。また、足の形を顕微鏡で観察してみると、実際にどんなところで棲息しているか、想像ができるでしょう。

観察後には、グループディスカッションを行います。同じ生物を観察しているのに、誰かが自分と違った視点で見ていることに気づくと、さらに学びが深まっていきます。

ほんものの体験の重要性

この授業だけでは、結論が出ることはありません。多くの物事は、そう簡単に結論は出ないでしょう。

実際、イシイソゴカイの観察は、高校の先生だけで十分できる授業で

図1　イシイソゴカイの構造

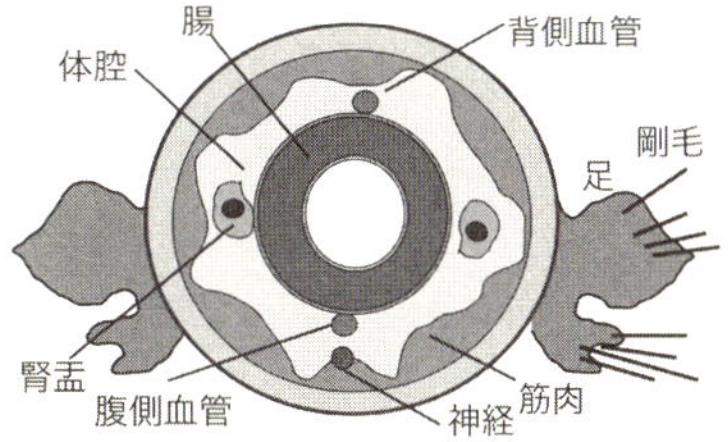

す。しかし、大学の研究者の私が高校で教えるのは、研究者が行っている研究や実験材料に基づいた生物を使うことが、生徒のほんもの体験につながっていくと思うからです。

２０１３年には理化学研究所で、「ゴカイが持つ無限の再生能力の仕組みを解明」という研究が記者発表されました。ゴカイは何千種類もありますが、この研究で用いられたのも、ＹＳＦＨで観察したものと同じイシイソゴカイです。そして、体が切断されたときにどのような遺伝子が働き再生を起こすか、分子のメカニズムが解明されました。サイエンスリテラシーで観察するイシイソゴカイが、再生医学の研究に役立つと考えられれば、みなさんもより一所懸命に取り組めることでしょう。

私がイシイソゴカイを取り上げるのは、自分や大学院生が行う糖鎖生物学という研究で、この動物を用いて論文を発表できたからですが、そんな背景を知ってもらい、科学への興味を広げてほしいと思います。

最後に、高校生のみなさんは、どんな素晴らしい科学者と出会う機会があっても自然体で言葉を交わせる人になってほしいと思います。何かを発見した人は素晴らしい業績を残していますが、次はみなさん自身が素晴らしいものを見つければよいのです。発見したときの感覚を誰とでも対等に語り合える、熱い科学者になってほしいです。

そして、失敗しても「もう一度やろう」と思える柔軟な人になること。失敗で元気をなくさないためには挫折に慣れること。「自分なんか」と自分の世界を卑下しないこと。研究をしながら、周りをよく見て、広い視野を持ち、カッコいい大人になっていってほしいと思います。

この原稿を書いている間に、小保《おぼ》方《かた》晴子さんという若手研究者らが、マウスのリンパ細胞を弱酸性の溶液に短時間浸して刺激する方法で細胞を初期化させる「ＳＴＡＰ細胞」と呼ぶ新たな万能細胞の作成に成功したニュースが世界をかけめぐりました。常識を覆す新発見は突然にやってくること、日本人の若手研究者は素晴らしいオリジナリティーを持っていることを知らされ、将来のみなさんが科学を牽引してくれる期待が持てました。

Saturday Science

宇宙に広がる生命

今村剛先生
(宇宙航空研究開発機構
宇宙科学研究所 准教授)

酸素がある星を探して

私たちは、地球の存在を当たり前のものと思っています。海があり、平均気温は15℃くらいで、空気中には窒素と酸素が存在している星。しかし宇宙を見ると、これは当たり前ではありません。いまだに発見されていませんが、宇宙の中に地球のような星がどれくらい存在するのだろうというのが、惑星科学の大問題のひとつです。

「系外惑星」という言葉を知っていますか。太陽以外の恒星をめぐる惑星です。夜空に見えるたくさんの星は恒星ですが、ほとんどが惑星を持つと言われています。すでにわかっているものだけで1000個くらい。この中に、地球と同じような星があるかもしれません。

地球の大きな特徴は、水と生命があることです。似たような星を探すためには、酸素を探すことが大事なポイントになります。酸素は植物が光合成で出すものですが、生命が存在しない惑星では、たいてい酸素は不安定で、地面の岩石と反応してなくなっています。地球にこれほど酸素があるというのは、まさに生命が存在する証です。ほかの惑星でも、表面に酸素が存在することがわかれば、生命がいる可能性があります。酸素の有無は、その惑星からの光を分析することによってわかると考えられており、世界中の研究者が調べています。

私たちにとって地球は唯一の星ですが、宇宙全体を見渡せばひとつの形でしかありません。広い可能性を探りながら地球を見直してみると、新たな世界が広がっていきます。

温室効果ガスがなかったら

太陽に近い場所で並んでいる地球、金星、火星は、いずれも岩石の地表と大気を持つ地球型惑星です。しかし今、生命が存在するのは地球だけ。これは地球だけに液体の水が存在するためであると考えられています。

水は1気圧の状態のとき、0℃以下では氷、それ以上になると液体、100℃で水蒸気になります。地球では水が液体ですが、火星では氷、金星では沸騰して水蒸気になっています。火星は地球よりも太陽から遠く、金星は地球よりも太陽に近いからと考えられがちですが、それほど単純なわけでもありません。

地球の温度は、太陽から与えられるエネルギーと地球から出ていくエネルギーがバランスすることによって、調節されています。太陽からやってくる光が地球を暖めるだけなら、地球は熱くなる一方です。どこかで熱を逃さなければなりません。そのために、大きな役割を担っているのが赤外線です。赤外線はあらゆる物体から出ていて、人間の体からも出ています。地球も常に宇宙に向かって赤外線を放出しています。太陽によってもたらされる可視光線と、外に出ていこうとする赤外線のバランスだけで見ると、地球の平均気温が零下18℃になる計算です。

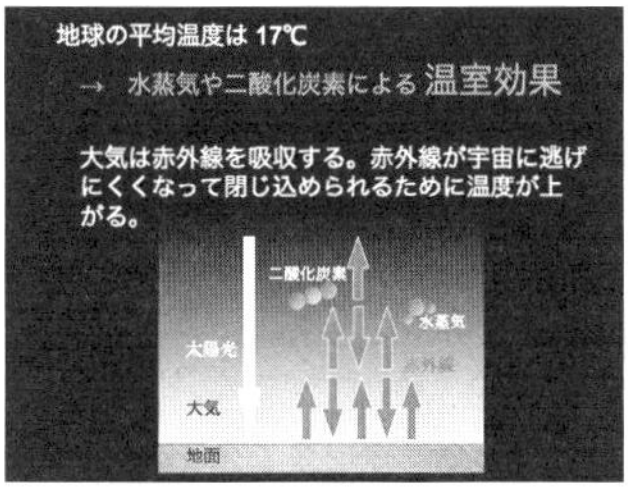
地球の平均温度は 17℃
→ 水蒸気や二酸化炭素による 温室効果
大気は赤外線を吸収する。赤外線が宇宙に逃げにくくなって閉じ込められるために温度が上がる。
二酸化炭素
水蒸気
太陽光
赤外線
大気
地面
図１　地球大気の温室効果

それなのに、地球が温暖なのはなぜなのか。大気中の二酸化炭素や水蒸気が、出ていこうとする赤外線を吸収しているからです。これが温室効果ガスです（図１）。

灼熱の金星と凍りついた火星

一方、金星と火星はどうでしょうか。金星の表面は４６０℃。太陽系の中では最も熱い灼熱の世界です。対する火星は零下60℃で、凍りついた世界です。これにも、温室効果ガスが関係しています。

金星は太陽に近いのですが、表面を分厚い雲が覆っていて、太陽の光をほとんど跳ね返しています。そのため、金星が太陽から受け取るエネルギーは地球よりも少なく、もしも温室効果がなければ零下50℃になるはずです。しかし金星には非常に厚い二酸化炭素の大気があり、猛烈な温室効果がもたらされているのです。大気中の二酸化炭素の割合は、金星は90％以上。地球はたかだか０・０３％なのです。

火星は気圧が低く、地球の１００分の１の空気しかありません。大気成分の95％は二酸化炭素ですが、ここでは大気が薄すぎる上に、太陽から遠いこともあって寒いままです。

地球、金星、火星にはこれだけ大きな違いがあります。そう考えると、本当に繊細なバランスの中で地球環境ができていることがわかるでしょう。地球温暖化については、海面上昇や生態系への影響などマイナス面だけが強調されがちですが、温室効果そのものは地球の生命にとって必須であり、それが人間活動により急激に変化することが問題なのだという、大局的な視点が重要です。

フラーレンとナノチューブ

橘 勝先生
（横浜市立大学大学院 生命ナノシステム科学研究科
物質システム科学専攻長 教授）

近代科学と現代科学

近代科学が大きく発展したのは17世紀から19世紀のこと。ニュートンの登場によって大きな変化が起きました。ニュートンは身近な世界の中で、力の法則などの重要な発見を次々に行い、物理学の礎を築きます。その発見が、産業革命へとつながっていきました。

そして20世紀は、アインシュタインによって新たな現代科学の世界が開かれました。光の速さは変わらないという原理に基づき、アインシュタインはあらゆる物質に含まれるエネルギーを「質量」×「光の速度」の2乗で表し、原子や分子の小さな世界を見つめました。

こうした物理学の研究の先に、身の周りの物質を原子や分子のミクロな視点で理解し、制御する物質科学が発展し、半導体をはじめとするコンピューターの基礎ができあがりました。現代においては、スペースシャトルからスマートフォンにいたるまで、あらゆるものの中に半導体は生かされ、現代の情報化社会ができあがっています。

フラーレンとは何？

フラーレンとは、1996年のノーベル化学賞受賞者であり、横浜サイエンスフロンティア高等学校のスーパーアドバイザーでもある、ハロルド・クロトー博士が発見したものです。

フラーレンは炭素（カーボン）だけで構成される同素体です。炭素だけでできている物質は、世の中にたくさんあります。代表的なのは鉛筆の芯になるグラファイト、そしてダイヤモンドです。このふたつの物質の構造を、図で見てみましょう（図1）。

グラファイトは炭素原子ひとつひとつから、3本の腕を出しています。炭素という物質は、腕が3本になることもあれば、4本や2本になることもあり、様々な形態をとることができます。

グラファイトの場合は原子から3本の腕を出した平板状の構造で、鉛筆の芯に使われています。ダイヤモンドの場合は原子から4本の腕が出ており、それらが3次元的につながって、世の中で最も固い物質ができ

図1　炭素の同素体

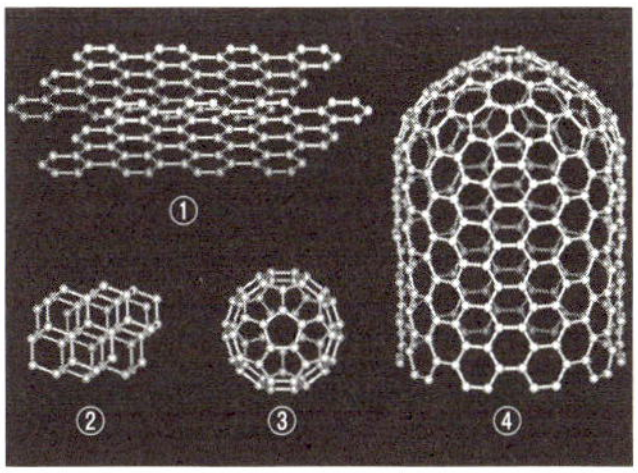

①グラファイト
②ダイヤモンド
③フラーレン
④カーボンナノチューブ

あがります。

炭素の同素体としてはこのふたつが知られていましたが、クロトー博士はそれとは違う新しい形態としてフラーレンを発見しました。フラーレンはグラファイトと同じように3本の腕を持っていますが、球状の構造を持つ物質です。

フラーレンは、活性酸素を除去する作用が知られており、現在は化粧品などに利用されています。そのほかにも、球状物質なので転がりやすい性質を生かし、小さなベアリングや潤滑剤として使われます。また、テニスラケットに混ぜると弾性が生まれます。まだこれから研究が進む物質なので、さらに応用範囲は広がっていくでしょう。

カーボンナノチューブとは

カーボンナノチューブは、フラーレンの仲間です。これについて語るには、まずナノの世界を知らなければなりません。ナノメートルとは100万分の1ミリメートルのこと。この数字は原子や分子の構造を表すときに使われます。物質をナノメートルのスケールで操作し、制御する技術をナノテクノロジーと言いますが、新素材などを開発するため、活発な研究が世界中で行われています。

図2-B

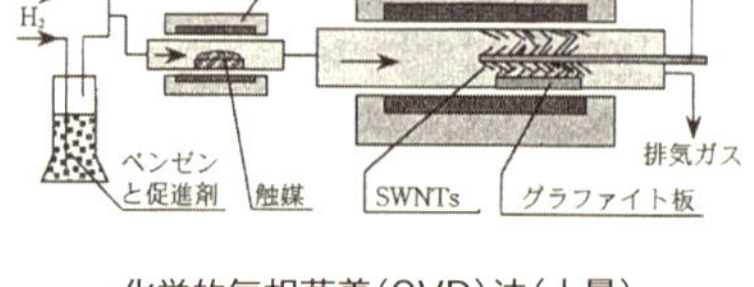

化学的気相蒸着(CVD)法(大量)

図2-C

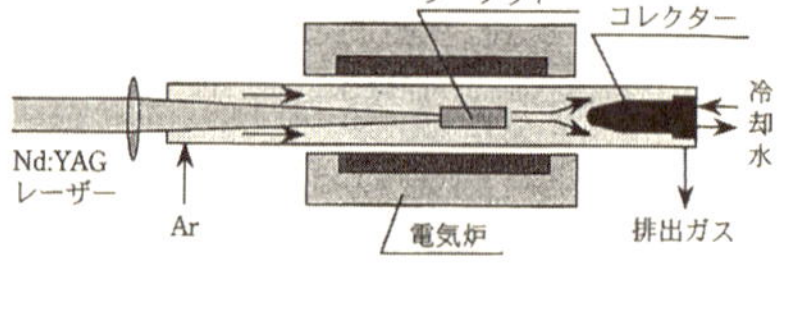

レーザー蒸発法(高品質)

一方、カーボンナノチューブとは、やはり炭素の同素体です。炭素原子が3本の腕を出し、蜂の巣のように手をつないだものが円筒状の構造となっています。円筒の直径は0・4～50ナノメートルというサイズで、電子顕微鏡によってようやく観察できるごく小さな世界です（生成方法は図2-ABC参照）。

カーボンナノチューブも、これからの素材として非常に多くの期待が寄せられています。たとえば、電力・エネルギー、環境、情報通信、画像デバイス、バイオ医学、計測・ナノ加工、電子デバイス、複合材料などの分野で、応用研究が進んでいます。

グラファイト、ダイヤモンド、フラーレン、カーボンナノチューブ……。同じ炭素からできているのに、できあがる物質はまったく違います。それは、なぜなのか。1オングストローム（Å）という単位の小さな炭素の原子より大きなサイズ、つまりナノメートルのサイズ、さらに大きな結晶まで注目して見ないと、違いはわかりません。

結晶を作る

すべての物質は、多かれ少なかれ結晶化しています。たとえば、シリコンの結晶は半導体となって電子デバイスとして使われています。シリ

図2-A　カーボンナノチューブの生成方法

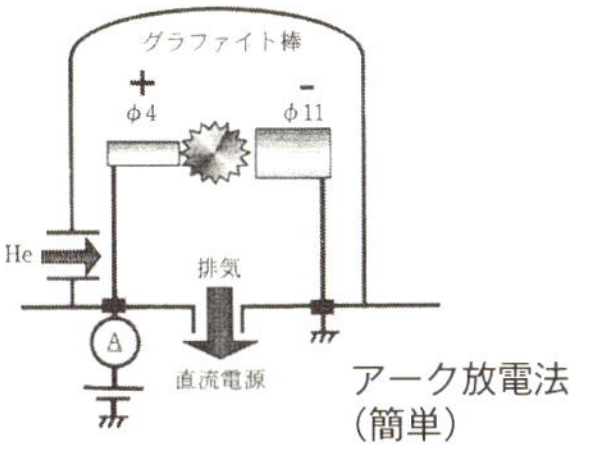

図3　シリコン(Si)結晶

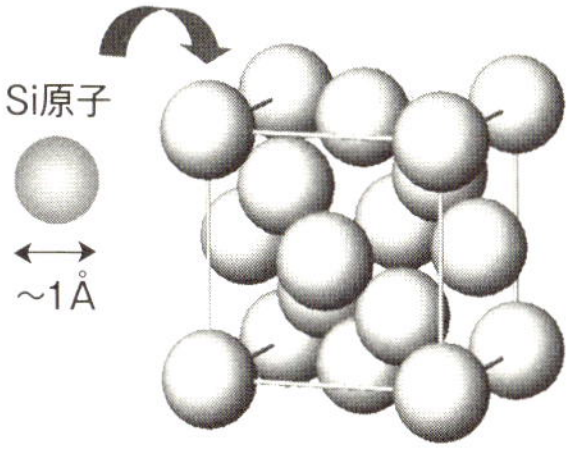

コンの結晶は、1オングストロームという単位の小さなシリコンの原子が規則的に並んだものになります（図3）。また、新物質であるフラーレンも結晶になります（図4）。フラーレンの分子は原子から構成されており、分子自体は原子よりも1桁大きくなって、それらが規則的に並んで結晶になります。さらにタンパク質になると、もう1桁大きなサイズになり、その結晶を作るのが難しくなります（図5）。

物質を原子や分子で見るということは、結晶として理解するということ。ここでは高校生のみなさんにも、実験で結晶を作ってもらいます。

まずは、C_{60}（フラーレン）の結晶を作ってみましょう。ここでの結晶育成の基本原理は、みなさんが中学生のときに習った再結晶と同じで、溶解度を変化させることによって結晶を析出させます。

まず、C_{60}の粉末を乳鉢ですりつぶしましょう。その粉末をビーカーに入れてトルエンを加え、60分間超音波拡散させます。この溶液をろ過してできたものがC_{60}飽和トルエン溶液で、これをピペットでスクリュー管瓶に入れ、上からイソプロパノール（アルコールの一種）を加えます（写真1）。すると、界面からフラーレンの結晶が生まれてきます。

1週間、5℃に保たれた恒温槽の中にそのまま置くと、できあがった結晶はどのように見えるでしょうか（写真2）。

次に、タンパク質の一種であるリゾチームの結晶も作ってみましょう。

図4　フラーレンC_{60}結晶

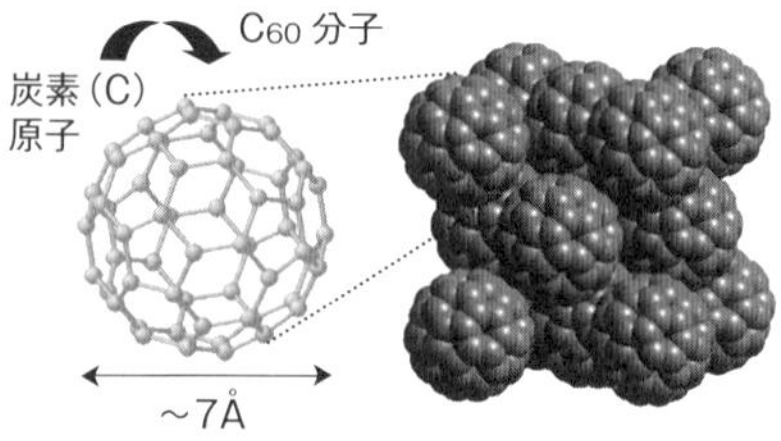

図5　タンパク質リゾチーム結晶

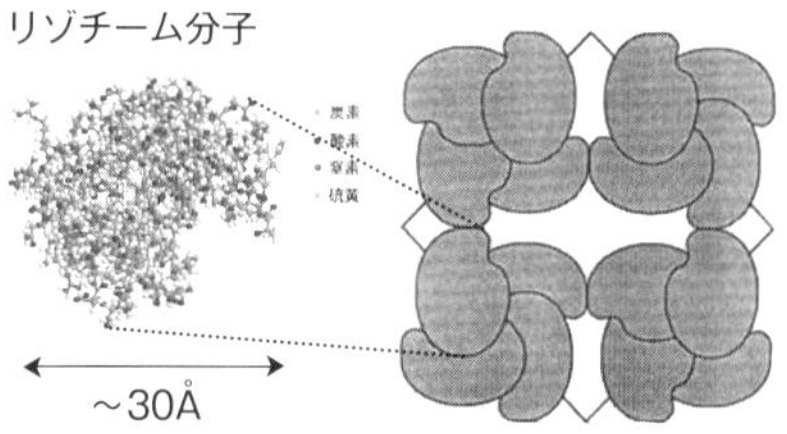

まず、蒸留水にリゾチームの粉末を加えることによって濃度53mg／mℓのリゾチーム溶液を作り、pH4・5に調整します。一方で、塩化ニッケル・六水和物の粉末を0・7グラム入れた試験管を用意します。これに、先ほどのリゾチーム溶液の6ミリリットルをピペットで取り、試験管の壁面に伝わらせながら静かに加えます。この試験管を垂直にしてそのまま室温で静置しておくと、結晶が生まれてきます（図6）。

1～2週間そのまま置いておくと、できあがった結晶はどのように見えるでしょうか（写真3）。

最後に、アーク放電法によるカーボンナノチューブの生成も試みます。まず、グラファイト粉末に、触媒となるニッケルとイットリウムを、それぞれ炭素に対して0・5アトミックパーセント（at％）になるように混合して、圧粉体（ペレット）を作成します。それをグラファイト電極の陽極側に接着します。その後、チェンバー内にヘリウムガスを注入、真空引きを繰り返し、洗浄します。最終的には、ヘリウムガスを650ヘクトパスカルまで注入します（写真4）。その後、電源のスイッチを入れると、電圧が加わってアーク放電が起こります（写真5）。電流値50アンペアで10秒間、アーク放電を維持することによって、カーボンナノチューブがチェンバー内にフワフワと舞って蜘蛛の巣のような状態で生成されます。肉眼では煤にしか見えませんが、それがカーボンナノチュー

写真1　液–液界面析出法

写真2　C_{60}ナノウィスカーの光学顕微鏡写真

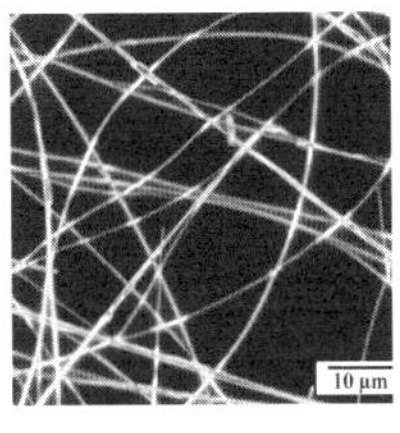

図6　塩濃度勾配法

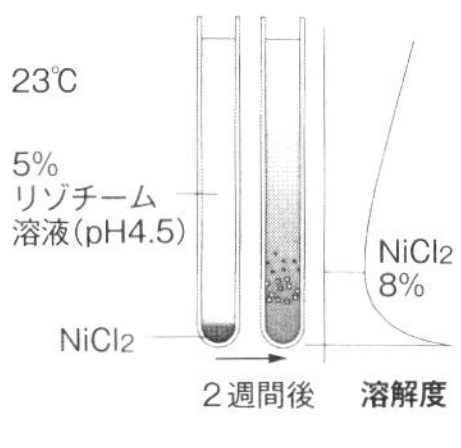

ブの集まりです（写真6）。カーボンナノチューブの直径はたかだか1ナノメートルなので、電子顕微鏡のような高倍率の顕微鏡によってのみ、観察することができます（写真7）。

目的が見つかれば学問は深まる

私は子どものころから科学が好きでした。普通は多くの子どもたちが、小学生のころまではサイエンスが好きだと言います。しかし、受験勉強が始まると難しい計算などが入ってきて、だんだん嫌いになっていくのです。

本来、サイエンスに向かうモチベーションは、「星がきれいだな」とか「空気が澄んでいるな」という疑問から始まります。しかし、その気持ちを持ち続けていれば科学者になれるかというと、そうではありません。科学を研究していくためには、数学や物理の知識も必要ですし、様々なテクニックも必要です。

ニュートンだって自然現象を見ていて不思議に思い、それを説明するために微分積分を作ったのです。ここはとても重要なこと。学問を深めるため、疑問を解明するための道具として、様々な勉強が必要だと言えるでしょう。

写真3　タンパク質
リゾチーム結晶

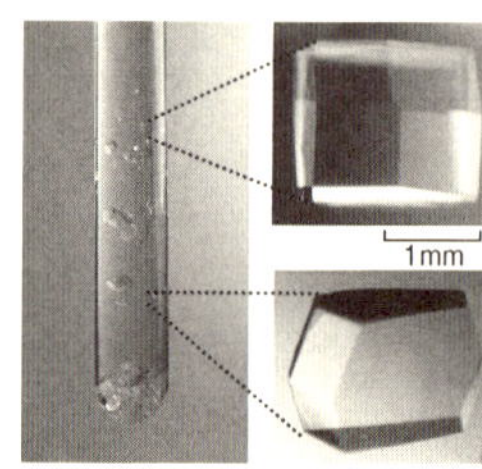

写真4　アーク放電法による
カーボンナノチューブの生成

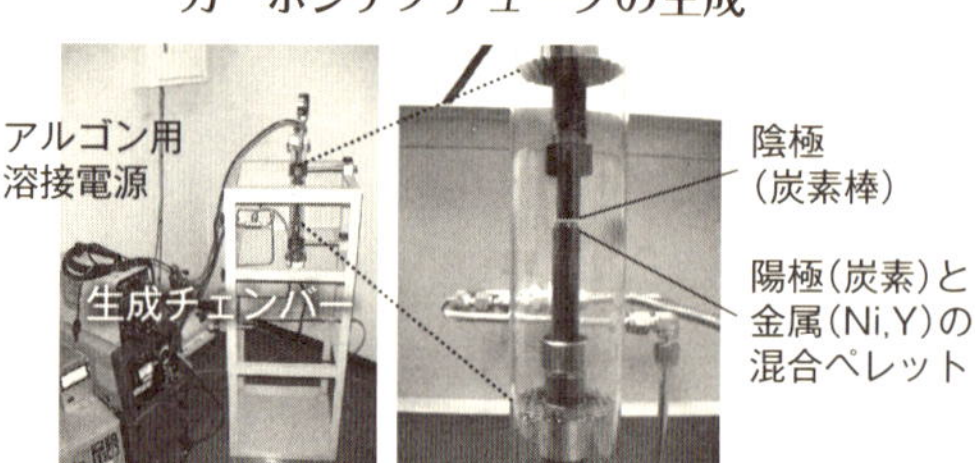

まずは毎日の生活の中で、自然現象などと向き合い、「なぜ？」と疑問を持つことを大切にしてほしいと思います。そして疑問を持ったときには、自分なりに調べて勉強してほしい。そこからすべてが始まります。自分の研究テーマを見つけて夢中になったとき、自分にとって必要な勉強は習得がとても早くなることに気づくはずです。

写真５　アーク放電

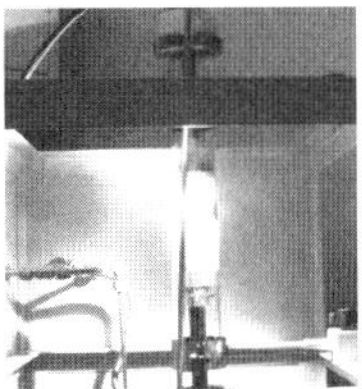

写真６　生成された煤
（カーボンナノチューブ）

アーク放電後

写真７
カーボンナノチューブの電子顕微鏡写真

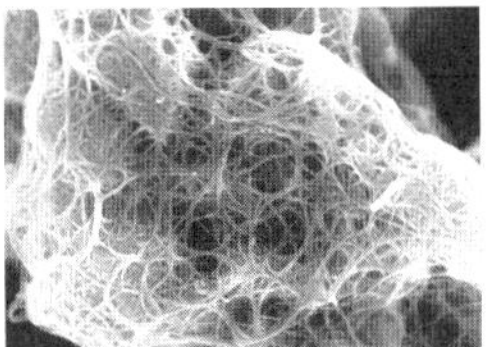

Windows8 アプリ講座

田中賢一郎さん
（マイクロソフト ディベロップメント
株式会社 Windows開発統括部
プログラムマネージャー）

10回の講座でアプリを作成（田中賢一郎）

　マイクロソフトがアメリカで創業して38年。その後、コンピューターはすごい勢いで進化し続けています。世の中に与える影響は、これからもますます大きくなるでしょう。コンピューターは素晴らしい能力を持っていますが、それに加えて重要なのは、プログラムを作ることです。

　プログラミングとは、今あるものを超えて、新しいものを開拓すること。そこで、希望者にアプリ作成の講座を行うことにしました。

　講座は全部で10回、土曜日の午前中に行いました。前半5回で「HTMLの基礎」「CSSの基礎」「JavaScript 基礎と応用」「Canvas」などウェブの知識を学び、後半5回は6つのグループに分かれて、アプリ製作に取り組みました（講座の教科書として、『ゲームを作りながら楽しく学べるHTML5+CSS+JavaScriptプログラミング』田中賢一郎著、インプレスR&D刊を使用しました）。実際に、HTMLやCSSなどをさわった経験がある人は全体の2〜3割。ほかの人は経験も知識もありません。しかし、アプリ製作は初心者であっても高校生であっても、難しいものではありません。やり方さえわかれば、アイディア次第でプログラミングできます。1グループにひとりは経験者を配置し、チームで協力して取り組んだ結果、それぞれのアプリが完成しました。

　以下に記すのは、各チームのアプリの内容と生徒たちの感想です。

「スケジュールアレンジメント」
チーム Evening Cicada

　スケジュール管理が大変な会社員、恋に勉強に忙しい高校生たちをターゲットに、大量の予定を管理できるオリジナルリマインダーアプリを作りました。過去の予定を確認できること、指定された時間までの時間を把握できることがコンセプトです。リマインダーとは、設定時間に電子メールで知らせる機能です。

　このアプリは5つのプログラムに分かれています。アナログ時計を動かす、リマインダーを新しく書き込む、読み込む、削除する、ログにページ移動する、という5つです。グループを作ったときから、どのようなアプリにしたいか、アイディアはたくさん出ました。習ったものとアイディアをプラスして、思い通りに仕上げることができました。

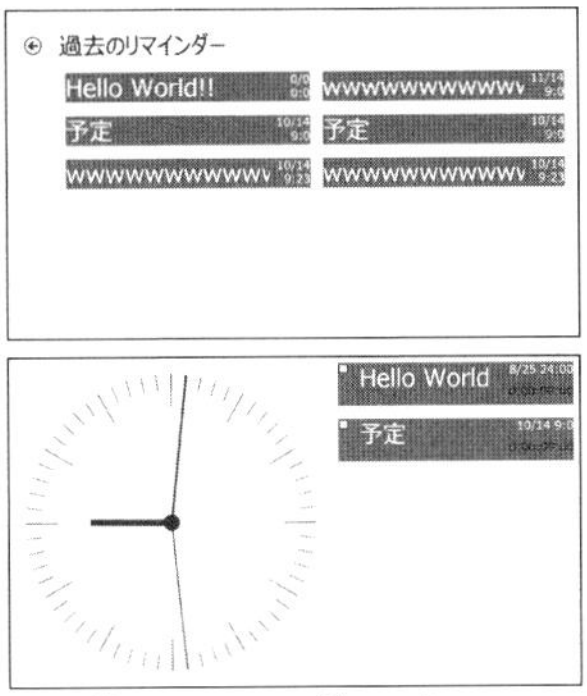

スケジュールアレンジメント

「数字ゲーム」

チーム 469programmers

相手よりも大きな数列を作って戦うゲームを作りました。画面の右側をタッチすると攻撃、左をタッチすると防御、という機能になっています。タッチした順番にカードが並べ替えられます。Canvasで描き、タッチするときは画面座標を読み取ってコードが変わるよう調整しました。

プログラムを作るのは初めてだったので戸惑うことばかりでしたが、単純でもゲームができ、とても有意義な時間でした。本当はもう少し難しいものにしたかったのですが、頭で考えていることが、実際はなかなかうまくいきませんでした。今は画面が地味なので、カラフルに変えていけたらと思います。

数字ゲーム

「のーと☆マシーン」

チーム Science Chicken

デジタル楽譜を使った作曲プログラムを作りました。作成にはＭｉｄｉを使っています。Ｍｉｄｉとは、音符をデータに置き換えた楽譜で、カラオケや着信メロディーなどに使われています。聞きとった音声をデータ化し、音符と休符を五線譜にドラッグ&ドロップすることで、楽譜ができあがります。

実際に画面で、童謡「かえるの合唱」を入力します。輪唱もでき、ピ

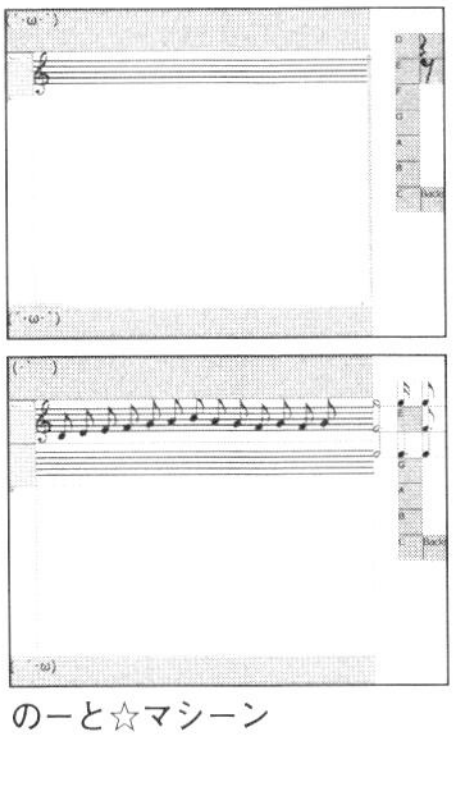
のーと☆マシーン

アノやギターの音で再生することができます。もともとの私たちの目的は、鼻歌を入力してそこから楽譜に落とすという仕組みでしたが、音声から周波数を得る変換はうまくできませんでした。配置やデザイン面ではまだまだ向上できるし、楽器の種類を増やしたいと思います。

「ゲーム Frontier」

チーム Frontier

アクションゲームを作る予定でしたが、戦略要素を加えてフロンティアなアプリゲームになりました。目的は城を攻略し、最終的に王様を倒すことです。マップ上で自分のキャラクターを動かしていきます。キャラクターは12人ほどいて、ステージ1からステージ5まであり、クリアすれば次のステージに行くことができます。

　基本動作や、ゲームバランスには苦労しました。キャラクターそれぞれの個性が出る動きにしなければなりません。プログラミングは初めてで、作業は簡単ではありませんでした。途中で内容を広げすぎ、どんどんゴールが遠くなっていってしまった感もあります。でも、このようなゲームが作れて楽しかった。次は「Frontier 2」を作りたいです。

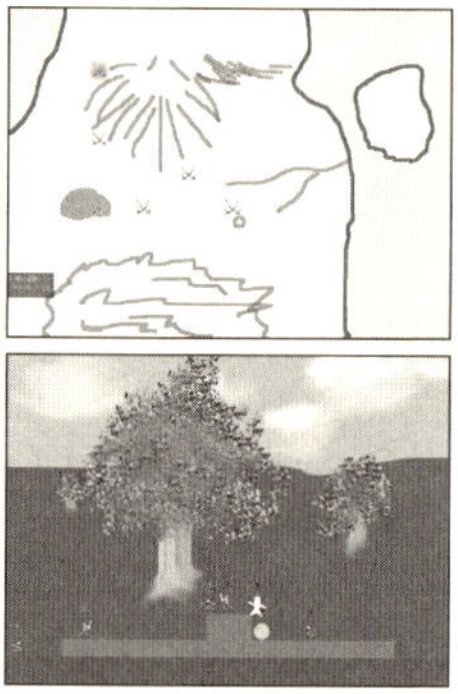

ゲーム Frontier

「今日の国語」

チーム SFPC462

難読漢字や四字熟語を覚え、理解するためのアプリを作りました。1日ひとつずつアプリが表示してくれます。四字熟語なら「十中八九」「主客転倒」「厚顔無恥」など180個、難読漢字なら「玉蜀黍《とうもろこし》」「大蒜《にんにく》」など100個。ボタンを押すとルビと意味の説明が現れ、四字熟語と難読漢字を切り替えることもできます。すべてのデータはエクセルで入力し、CSVで保存。毎日ランダムに出るようにしました。

　完全に理解できないまま作ったので、ファイルの入出力が難しく、画像や背景にも苦労しました。しかし、いろいろ教えていただきながらスキルアップできました。ただ漢字を読むだけではつまらないので、次はより親しみやすくクイズ形式にしたい

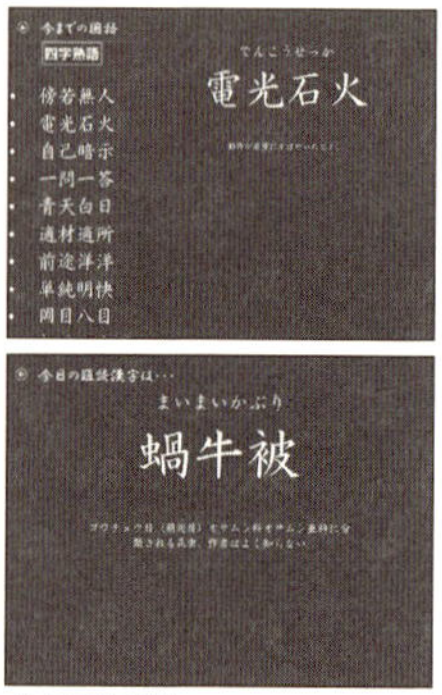

今日の国語

と思っています。

「Students Schedule」
チーム SACS

学生をターゲットにした予定表アプリを作成しました。学生が確認するいちばん大きい予定は、学校の時間割です。時間割と予定表を組み合わせたことで、学生が使いやすいものになりました。設定画面では、プルダウンで時間や曜日を設定できます。

Students Schedule

学生向けなので、シンプルに必要最低限のものになるように工夫しました。デザインは青い色を使いました。その理由は、青は勉強や仕事の作業効率が上がると言われていること。もうひとつは、ＹＳＦＨのスクールカラーだからです。

チームでプログラムを作りあげるのは、大変でしたが、とても楽しく有意義な時間でした。ＨＴＭＬやJavaScriptはさわったことも見たこともありませんでしたが、10回の講座を通していろいろな技術や知識を身につけることができました。

スキルがあれば、世界とつながる（田中賢一郎）

私は、プログラムの開発者としてマイクロソフトに入社しました。アメリカの本社に行き、様々な国の人と共同開発をしたこともあります。そのとき必要だったのは、スキルでした。スキルを持っている人は、一般的に強い発言力を持つ傾向があるように感じました。実力がある人のところには、いろいろな相談・案件が集まってくるので、自然と人のつながりも広がっていくように思われました。

パソコンのスキルというのは、高校や大学の授業だけでは身につかないものです。本社で出会ったのは、自分で学んでそのプロセスを経ている人ばかりでした。ですから、教科書以外の経験はとても重要で、今回そのお手伝いができたのはとてもうれしいことでした。

体験した生徒さんはわかったと思いますが、プログラミングはとても楽しい作業です。土曜日の朝から大変だったと思いますが、飲み込みが早く将来的に有望な人がたくさんいました。ぜひ今後も、試行錯誤しながら自分で「作る作業」に取り組んでほしいと思います。

クローン動物から iPS細胞まで

内山英穂先生
（横浜市立大学 国際総合科学部教授、
アドミッションズセンター長）

髪の毛1本から始まった

２０１２年、山中伸弥先生のノーベル賞受賞によって、ｉＰＳ細胞の研究が注目を集めました。再生医療の実現につながるｉＰＳ細胞について、そのとき初めて知った人も多いかもしれません。しかしこれは突然出てきた発想ではなく、人間が長い歴史の中で様々な形で取り組んできた研究です。約１００年間の研究の歴史を、まずは振り返ってみることにしましょう。

１９２０年代、ハンス・シュペーマンというドイツ人研究者が、イモリの受精卵の真ん中を髪の毛でしばる、結紮《けっさつ》実験をしました（図１）。受精卵を一度しばってその後に少しゆるめると、右側で増えていた核が左に移動します。それを見届けたあと、再び強くしばります。これで左右１匹ずつに分かれ、２匹のイモリが生まれます。人類最初のクローン動物の研究です。

シュペーマンは、受精卵の初期胚の核が、体全部を作る能力があることを「全能性」という言葉で説明しました。１９２０年代は、第一次世界大戦後の時代です。ドイツは戦争に負け、経済的にも困窮していました。しかし、シュペーマンは髪の毛と手先の器用さで核の全能性を証明し、その後「形成体」による「誘導」も発見して、ノーベル生理・医学賞を受賞したのです。

クローンカエルの研究

１９５２年には、アメリカ人研究者のロバート・ブリッグスとトーマス・キングによってヒョウガエルのクローンが作られます。ここでは、シュペーマンが髪の毛でひとつずつ結んでいた研究とは違い、ガラスの針を用いて卵割期の細胞の核を吸い取って、分裂装置を除いた受精卵へと移植する方法が行われました。しかし、核を取り出す胚の時期が遅くなればなるほど、作られたクローン胚の生存率はどんどん低くなり、親にまで育つものは本当に少数でした。

その後、１９６２年にイギリス人研究者のジョン・ガードンが、白いオタマジャクシの小腸の上皮にある細胞核を黒いカエルの未受精卵に移植しました（図２）。黒いカエルの卵の核は紫外線を照射して不活性化し

図１　ハンス・シュペーマンの実験

(Spemann “Embryonic Development and Induction” Yale University Press (1938)より転載)

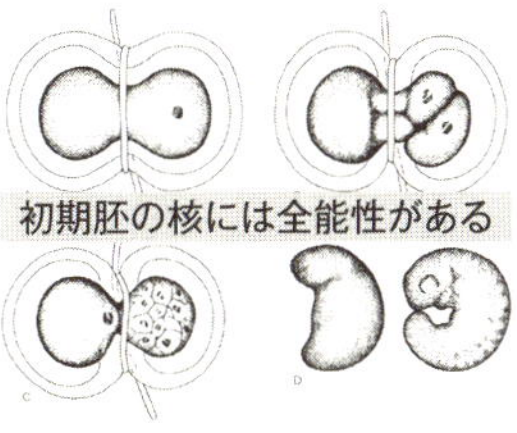

図２　ジョン・ガードンの実験

(出典:『絵とき再生医学入門』朝比奈欣治、立野知世、吉里勝利著、羊土社)

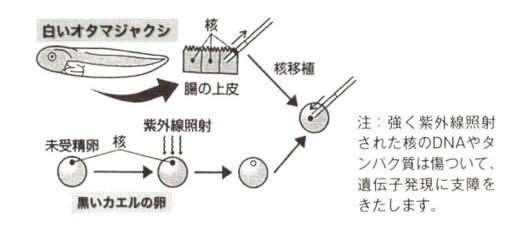

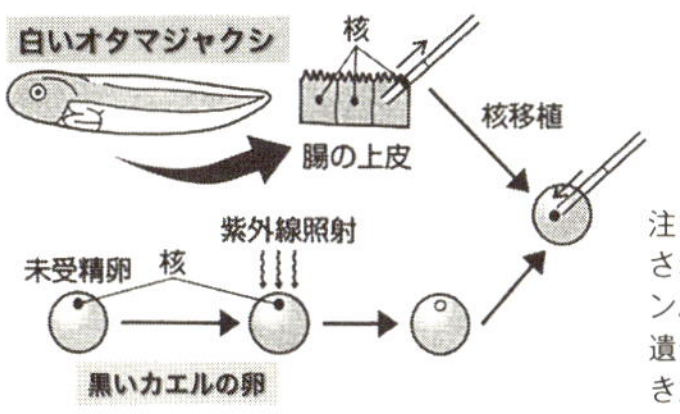

注：強く紫外線照射された核のDNAやタンパク質は傷ついて、遺伝子発現に支障をきたします。

てあります。この実験で何10匹もの白いカエルのクローンができあがり、ガードン博士は2012年にノーベル生理・医学賞を受賞しました。

ただし、この実験には批判もありました。なぜなら、オタマジャクシの小腸のそばには始原生殖細胞が動いていくルートがあるからです。始原生殖細胞とは、将来精子や卵子の元になる細胞です。「小腸の核を取ったつもりかもしれないが、間違えて始原生殖細胞の核を抜いたから、こんなにクローンができたのではないか」と言う人もいました。

ガードン博士自身もそのことはよくわかっており、批判を跳ね返すために猛烈な数の実験を行い、クローンカエルを作りました。これらすべてが小腸の細胞核採取の失敗で、始原生殖細胞の核を抜いたとは考えられません。結果的に、オタマジャクシの核が全能性を持っていることを証明したのです。

羊のドリーと猫のCC

カエルの次に行われたのは、羊の実験でした。スコットランドにある、ロスリン研究所のイアン・ウィルムット博士を中心とするチームの研究です。

ガードン博士が黒いカエルの卵に白いオタマジャクシの細胞核を移植

図3　イアン・ウィルムットの実験（出典：『絵とき再生医学入門』朝比奈欣治、立野知世、吉里勝利著、羊土社）

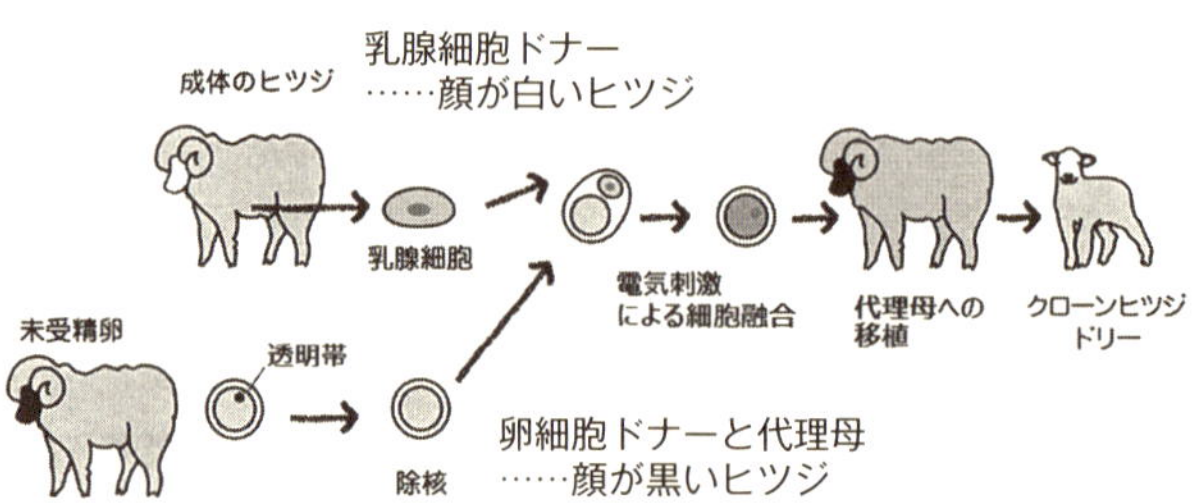

し、白いカエル由来の遺伝子を証明したように、ここでも白い顔の羊と黒い顔の羊を使い分けました。白い顔の羊の乳腺細胞を取り出し、黒い羊の未受精卵に入れて電気刺激を行い、代理母に移植するのです（図3）。未受精卵は黒い羊のもので、代理母も黒ですが、白い羊が生まれることで成功がわかります。

この実験は大変で、数えきれないほど繰り返してようやくドリーという名の1匹の白い羊が生まれました。カエルと違って特殊な方法を開発して核を卵の中に導入しましたし、母羊との相性もあります。哺乳類は構造が複雑でハードルが高いのですが、これほど実験が難しかったことは、あまり知られていません。

ほとんどの理科の教科書はドリーの話で終わっていますが、アメリカの教科書には猫のクローンの話が出てきます。レインボーという名前の三毛猫の核を取り出し、ＣＣという名前のクローンが作られました。ＣＣという名前は、電子メールを送信するときの「ＣＣ」と同じで、コピーしたという意味です。コピーしたはずなのに三毛猫ではなかったし、論文にはそのようなことは書いていないのですが、レインボーとは性格も違ったという教科書の記述もあります。この研究も非常に難しく、1匹しか誕生しませんでした。ペットビジネスに利用できないかと目論んでいた人もいましたが、これではビジネスは成功しません。

生殖細胞とES細胞

カエルの卵細胞の中の一部分には「生殖細胞質」という名前がついています。細胞質と言うと、中身は全部同じと思うかもしれませんが、カエルの卵のような大型細胞の場合は均質ではありません。特に卵の中では、動物極の側が何になり、反対の植物極の側が何になるという性質が、最初から配置されています。生殖細胞質を持つ細胞は、育っていってもそのまま生殖細胞になります。

　生殖細胞質はＤＮＡに傷が入るのを防ぎ、細胞が分化するのを防ぐ働きがあります。また、ミトコンドリアが非常に多かったり、いくつかの特別なタンパク質やＲＮＡがあるなどの特徴があり、次の世代になるための大切な使命を持っています。

　一方、マウスの受精したばかりの初期胚（胚盤胞）は写真1のような形で、栄養外胚葉という平たい細胞がボールみたいに表面を覆っています。ぐちゃっと集まっているように見えるのは内部細胞塊で、ここからＥＳ細胞（胚性幹細胞）も生まれました。

　この内部細胞塊を、フィーダー細胞という細胞の上に置いて培養すると、内部細胞塊が増えていくのです。何度か繰り返して増殖させ、できあがったものがＥＳ細胞です（図4）。マウスの初期胚からＥＳ細胞を作り出したのは、イギリス人科学者のマーティン・エバンス博士。ＥＳ細胞は、あらゆる組織に分化する多能性を保ちながら増殖する性質が知られており、再生医療への研究が進んでいます。

写真１　マウスの受精したばかりの初期胚(左)とES細胞(右)

(出典：Scott F. Gilbert, Susan R. Singer "Developmental Biology" Sinauer Associates Inc.)

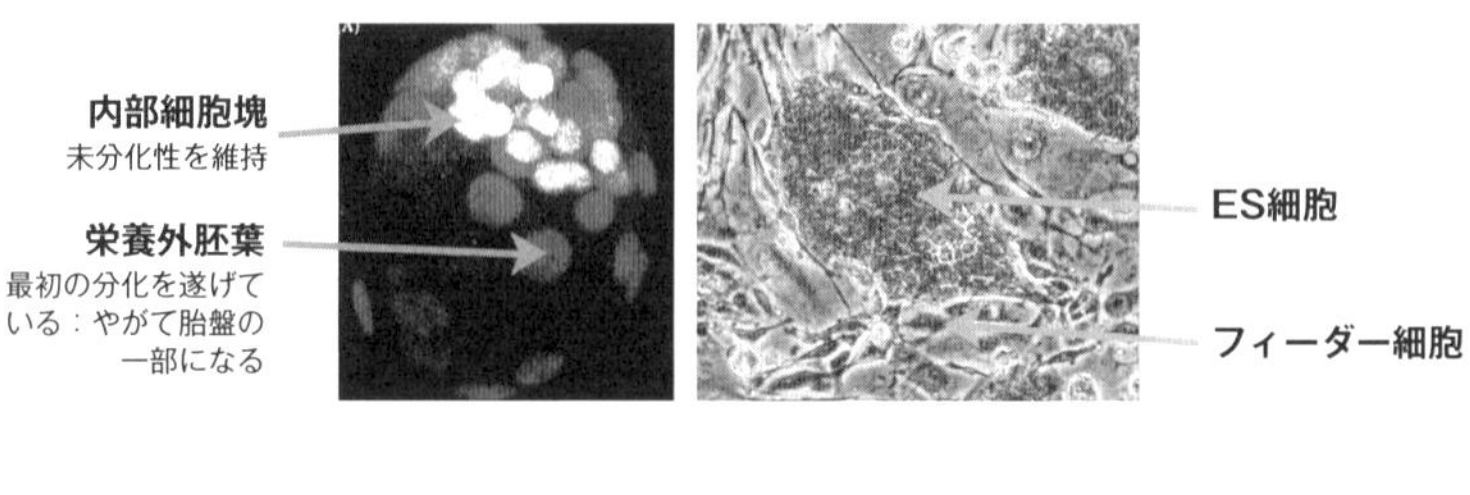

iPS細胞とは何か

受精卵には全能性があるという話をしました。それが、発生が進んでいくと能力が下がって多能性となり、やがてはひとつの細胞になる決定が起こります。しかし未受精卵や初期胚には、未分化の状態に戻す成分が残っていると考えられています。

たとえば、ＥＳ細胞のかたまりをマウスの親に移植すると、ＥＳ細胞は未分化性を失って若い組織や成熟した組織に分化しますが、一部は腫瘍（ガン）になることがあります。しかし、胚盤胞に入れた場合、マウスは病気になりません。胚盤胞というのは不思議な場所で、ＥＳ細胞を制御し増殖のスピードを抑えることができるのです。こうして哺乳類の胚は、外から余分なＥＳ細胞が入ってきても、問題なく発生します。

この研究を合理的かつ徹底的に行ったのが、山中教授でした。実験は、マウスの皮膚の真皮細胞と、フィーダー細胞を使って培養が行われました。初期胚やＥＳ細胞の中でも重要と考えられていた24種類の遺伝子の中から４つの遺伝子に絞り込んで導入し、初期胚でなくともＥＳ細胞によく似た状態となることをつかんだのです（図５）。これらを強く発現させると、分化した細胞はかなりの割合で多能性を持つことがわかりました。

図４　ES細胞の樹立

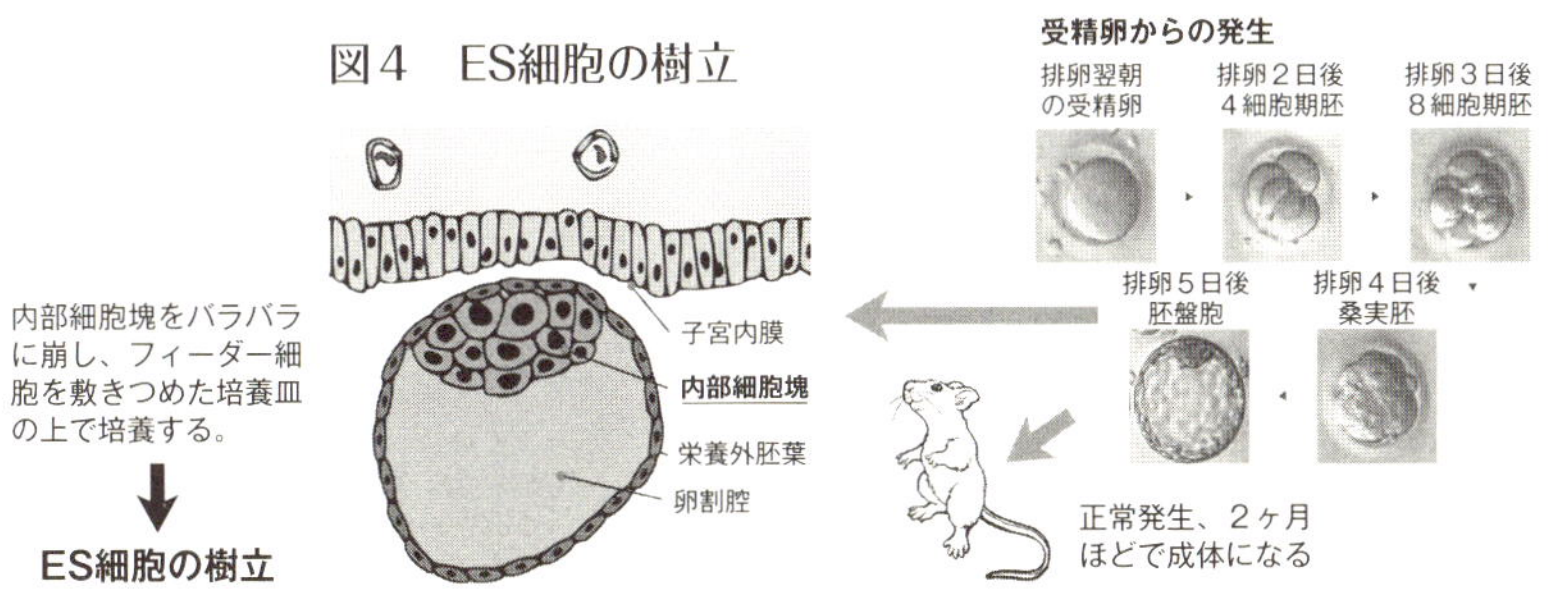

このように、山中教授のｉＰＳ細胞の研究も急に出てきた発想ではなく、クローン動物などの長い歴史を踏まえた上で行われてきたものです。

ＥＳ細胞を染色する実験

ここから先は、みなさん自身で実験を行います。ＥＳ細胞の入ったシャーレを配って、アルカリフォスファターゼという酵素の基質となるアルカリ性の液体を加えて反応を見ます。多能性を持ったＥＳ細胞は赤く染まり、そうでないものは染まりません（図６・７）。

ＥＳ細胞は、しばらく放っておくと、増殖しながら隣接する自分自身からも影響を受けて分化状態が変わります。一部は心筋に分化して動いたり神経に分化したりして、細胞同士の力で細胞社会が作られます。シャーレの中の小さな世界から、細胞の組み合わせをイメージし、臓器まで発想できるとよいと思います。

高校１年生にしては授業内容も実験内容も高度ですが、ほんものやそれに近いものを見てほしいと考えています。実際、シュペーマンは髪の毛１本で実験を行いました。何もない中からよくこれほどの結果が出せたと思います。その後もたくさんの科学者たちがやってきたように、真実を見つけるためにはたくさん実験し、たくさん失敗をすることが必要

図５　山中教授の実験

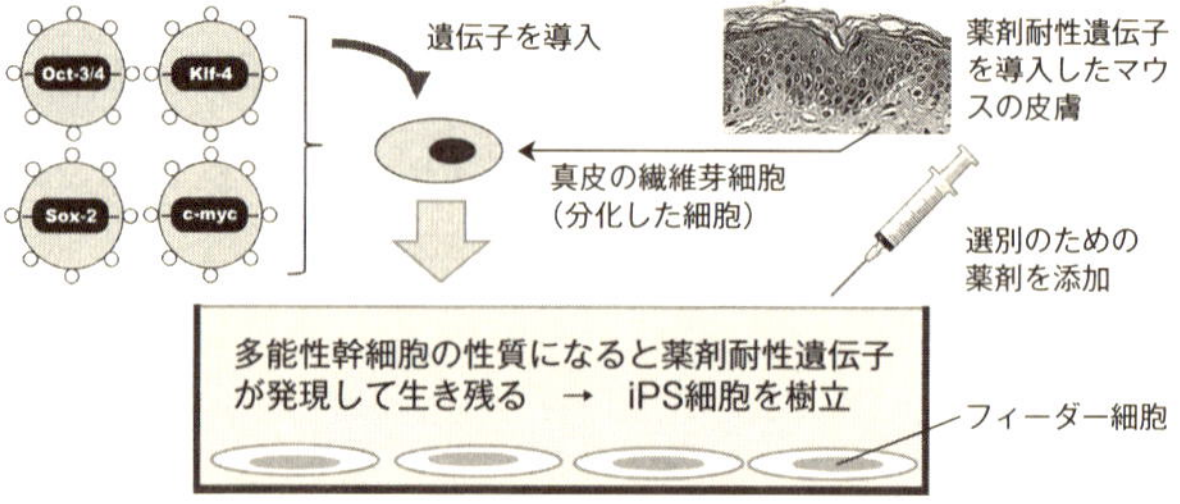

です。
　ＳＬＩでの経験は、ＳＬⅡにつながっていきます。自分で行う研究や実験は、受験勉強とは違った難しさがあります。しかし、受験に関係ないからと、おろそかにしてほしくはありません。世の中には不思議なことがたくさんあります。実験をしながらうまくいかないところを工夫し、立て直す粘り強さを身につけてほしいと思います。

図6　アルカリフォスファターゼ染色

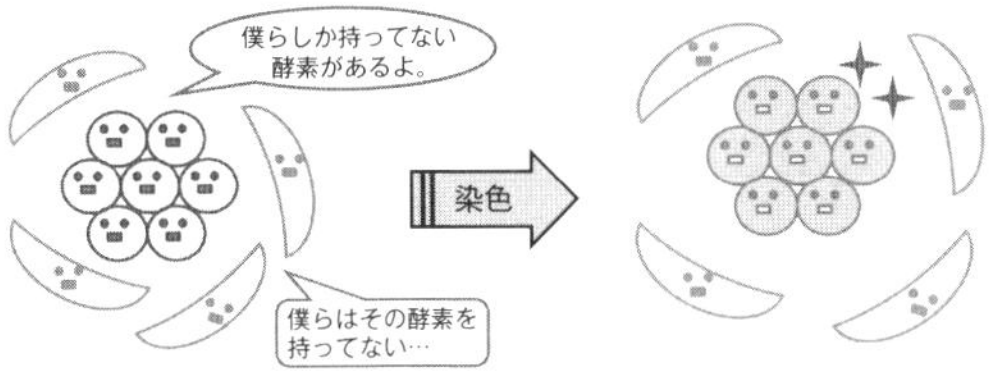
僕らしか持ってない
酵素があるよ。
染色
僕らはその酵素を
持ってない…

ES細胞が未分化なときは、その持っている酵素(アルカリフォスファターゼ)の働きで、赤く染めることができます。この酵素は、アルカリ性の条件下で、「リン酸基」を加水分解により外す働きがあります。自分が培養しているES細胞が正常かどうかを確かめるために、アルカリフォスファターゼ染色は頻繁に行います。

繊維芽細胞(フィーダー)は、その酵素がないので染まりません。分化してしまったES細胞もアルカリフォスファターゼを失っているので、 染まりません。

図7　実験手順

① 細胞培養皿(Dish)に入っている液体を吸い取って除去する。
② 指定のDishへ、指定の発色液を入れる。
　アルカリフォスファターゼ用の発色液には、アルカリ性の液体と、「リン酸基」が加水分解により外されたときに、赤く発色する物質(発色基質)が入っています。
③ 反応液を傾けて全体になじませる。
　徐々に染まっていくので、たまに見てみるとよい(倒立顕微鏡で観察します)。
④ 25 ~ 30分後、染色を確認し、反応液を除去する。
⑤ PBS(中性の食塩水)を1mℓ入れ、なじませた後除去し、洗浄する。
⑥ 新たにPBSを1mℓ入れ、観察する。

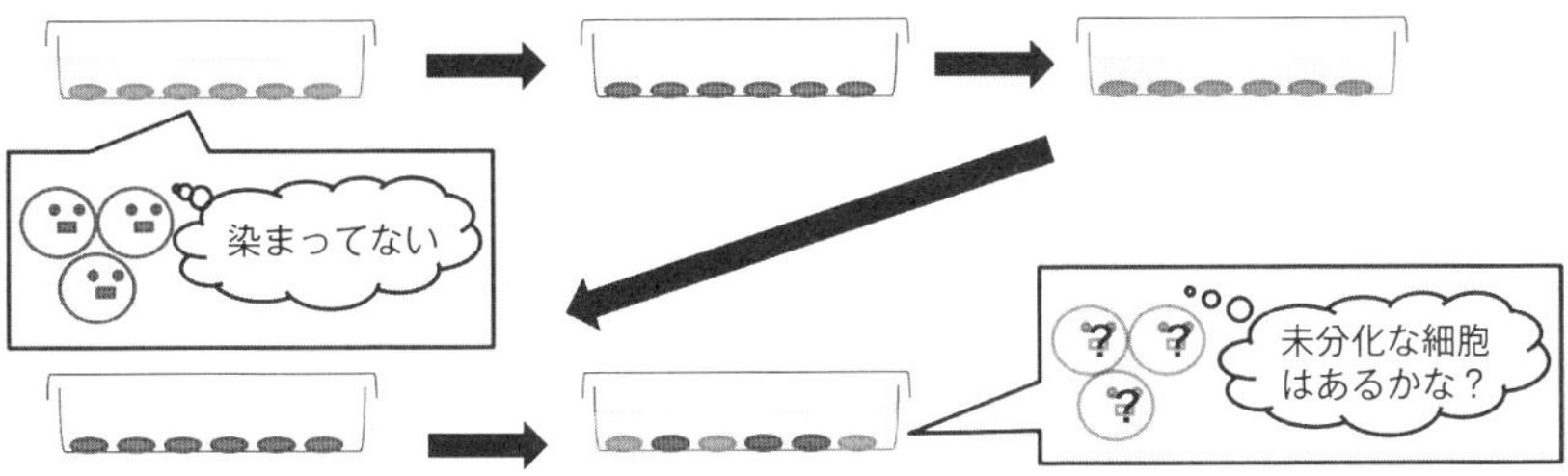
染まってない
未分化な細胞
はあるかな？

理化学研究所の公開イベントボランティア

高橋雅人さん、
四井いずみさん、
吉田尚弘さん（理化学研究所）

理化学研究所横浜キャンパスでは年に一度、横浜市立大学鶴見キャンパスと共催で研究所の一般公開を行っています。普段、一般の方は入ることのできない施設で多くの体験イベントや講演などを実施しています。

1日だけの公開ですが、今年は50人の生徒が手伝いに来てくれました。

超伝導コースターを見てみよう！（高橋雅人）

このイベントでは、超伝導体が永久磁石で作ったレールの上をジェットコースターのように滑り降りる様子を見せました（写真1）。磁場を覚える性質がある超伝導体は、レールと一定の距離を保って宙に浮いたまま移動します。これは「ピン止め効果」と呼ばれる超伝導特有の現象です。生徒たちは超伝導コースターを実演しながら、こうした超伝導現象をお客さまに説明します。

スケジュールの都合上、事前のレクチャーは一度だけ。生徒たちはいきなり最前線に放り出されました。しかも、様々な仕事が順番にローテーションしていくため、短時間に状況を把握し、お客さまへの見せ方や説明の仕方、次の生徒への引き継ぎを考えなくてはなりません。

しかし、生徒たちはお客さまを相手にとてもよくやってくれ、能動的な発想で様々なアクシデントに立ち向かってくれました。自分で考えて責任を持つという姿勢は、サイエンスの世界だけではなく社会に出てからも役立つはずです。

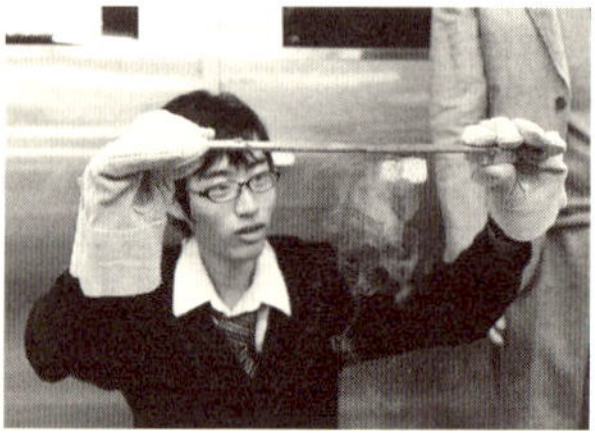

写真1　超伝導コースターの実験の様子

ブロッコリーからDNAを取り出そう（四井いずみ）

このイベントでは、生徒たちにDNA抽出のお手伝いをしてもらいました。まずブロッコリーの花芽をちぎって乳鉢ですりつぶした後、DNAの抽出液を混ぜ合わせます（写真2）。十分にすりつぶせていないと組織が壊れず、DNAが取り出せなかったり、スポイトで加える抽出液が多すぎると、DNAが薄まってしまい、実験がうまくいきません。

　まずDNA抽出のデモンストレーションを行いましたが、非常に真剣に取り組んでいたのが印象的です。全員が1回目は失敗しましたが、2回目も進んで挑戦してくれました。実験のサポートをしながら、お客さまにアドバイスをしたり、参加した子どもたちに白衣を着せたり、とても意欲的に取り組んでくれました。

写真2　ブロッコリーから
DNAを取り出す実験

ハツカネズミができるまで（吉田尚弘）

　ハツカネズミは生命医科学研究分野で広く使われる実験動物であり、進化系統樹で言えば犬や猫よりも人間に近い生きものです。受精から出産までわずか20日であり、出産の翌日には再び妊娠して20日おきに出産を続けられること、だからハツカネズミと呼ばれることなどは、意外に知られていません。

　このイベントでは20日間にマウスがどのように成長していくか、ホルマリン固定標本を顕微鏡で観察してもらい、成長過程を説明しました（写真3）。

　生徒たちはその説明役。事前に英文の資料を渡しておき、開始直前には30分ほどの時間で標本を見てもらいました。

　驚いたことに、生徒たちは英語をほぼ正確に調べてきて日本語で暗記し、当日、的確な言葉でわかりやすく来場者に伝えていました。

　後に「調べて覚える作業は非常に楽しかった」という感想も聞くことができ、人に教える楽しさや、教えることで自分の理解がより深まることも学んでもらえたのではないかと思います。楽しみながら日本の科学の未来を背負って立つ人材になってくれることを期待します。

写真3　固定標本を顕微鏡で観察

知っているようで知らなかったガラスの話

安間伸一さん
（AGC・旭硝子株式会社 技術本部 中央研究所
ガラス領域グループ ガラス材料技術ファンクション）

ガラスの研究という仕事

私は１９８５年生まれ。大学院を卒業したため、今年で入社４年目になります。高校生のみなさんにとっては、少し年上のお兄さんのような感じでしょうか。気軽に仕事の話を聞いてもらえたらと思います。

旭硝子の事業所は日本、アジア、欧州、北米、南米にあり、量としては世界でいちばん多くガラスを作っています。ガラスが使われるのは、主にビルの窓や自動車の窓。最近は東京スカイツリーにも関わりました。スカイツリーはガラスのみならず、建物のサビや汚れを防ぐ塗料にも旭硝子の製品が採用されています。

私自身は、入社直後の半年間はガラスを作る工場で実習し、現在の研究所に配属されました。企業の研究員はどのような生活をしているか。まずは、私の１日をご紹介しましょう。

研究所では、朝は勉強会やミーティングがあり、その後はガラスの研究や実験を行います。試作したガラスを評価したり、できが悪ければ原料の配合を変更して作り直したりします。個人ではなくチームで協力してひとつの製品を作るので、ミーティングでの報告や話し合いをとても大事にしています。

研究所で1日を過ごすこともあれば、工場に出張することもあります。私の場合は愛知、京浜の工場に月に一度は出張します。工場は3交代で24時間稼働しています。ガラスは高温で溶かすので、夏は廊下が50℃にもなる大変な職場です。今はガラスの製造をお願いに行く立場ですが、実際に自分も工場で実習した経験があるので、工場の大変さを理解した上でお願いできますし、実習でお世話になった方には「安間が言うことなら」と快く引き受けていただくことができます。そういう関係ができているのは、ありがたいことです。

ガラスの原料は白い砂

物質には「固体（結晶）」「液体」「気体」の状態があります。ガラスはどれに当てはまると思いますか？

ガラスは、固体でもなければ液体でもない、「ガラス状態」です。固体、特に結晶というのは、原子が規則正しくきれいに並んで固まった状態を示します。液体とは、原子の配置が不規則でバラバラに動く状態です。ガラス中の原子は液体中と同じように不規則に存在していますが、動き回ることはできません。原子がきれいに並ぶことなく固化したものを、ガラス状態と言います。

では、ガラスの原料は何でしょうか？　その大部分は浜辺にあるような白い砂で、珪砂《けいしゃ》と呼ばれるものです。そこに溶けやすくするための成分を加えます。いちばん多いのは炭酸ナトリウム。一般的にはソーダ灰と呼ばれるものです。浜辺の砂とソーダ灰を高温で混ぜれば、ガラスのできあがりです。地球上に豊富にある物質で作られているので、いくら作ってもガラスの原料が枯渇する心配はありません。ガラスを作ることができなくなるのは、地球がなくなるとき、と言ってもよいでしょう。

砂とソーダ灰に、様々な元素を組み合わせることで、ガラスには多様な性質が生まれます。わかりやすいのはガラスの粘度です。高温の中でガラスの原料を溶かしたとき、使う元素の種類と割合によって粘度が異なります。ＬＣＤなどの液晶ディスプレイには、どろりとした粘度の高いものが使われます。一般的なガラスには中くらいの粘度のものが、カメラのレンズには粘度の低いさらさらしたものが使われています。

人類が初めて作り出した物質

ガラスは紀元前６０００年ごろ、人類が初めて人工的に作り出した物質と言われています。たしかな証拠はありませんが、砂漠の砂の上でたき火をしていてたまたま灰が中に入り、キラキラ光る物質ができたのではないかと言われています。このころは、まだ透明ではなかったようです。まだ鉄も使われていない時代に、ガラスは生まれたのです。

紀元前１５００年ごろにはコップなどが作られるようになり、紀元前50年ごろには、今もガラス工房で体験できるような、吹きガラスの工法が発明されています。歴史は流れ、１８５１年のロンドン万博では、全面ガラス張りの建物が作られました。今から１６０年ほど前に、それくらいの量・大きさのガラスを生産する技術があったのです。ただし、もっと大きなガラスが生産できるようになったのは、じつは最近のこと。フロート法という製法が実現した、１９５３年以降です。当社のガラスも、現在はフロート法をメインに製造しています。

ここで、フロート法のガラス製造工程図を見てみましょう（図1）。

①から③では、原料を高温にしてドロドロに溶かし、少し温度を下げてから内部の泡を抜いてきれいな液体のガラスを作ります。④のフロートバスには溶けたスズ（錫）が入っていて、その上にガラスを流して、平坦な板にしていきます。水の上に油を落とすと混ざることなくきれいな界面が形成されるのと、同じ原理です。ローラーで厚みや幅を調整すると、なめらかで平らなガラスができあがります。

サイズにもよりますが、窓ガラスなら原料を入れてできあがるまで24時間ほど。ゆっくり冷やして固まったガラスを、カットして出荷します。

図1　ガラスの製造工程（フロート法製造ライン）

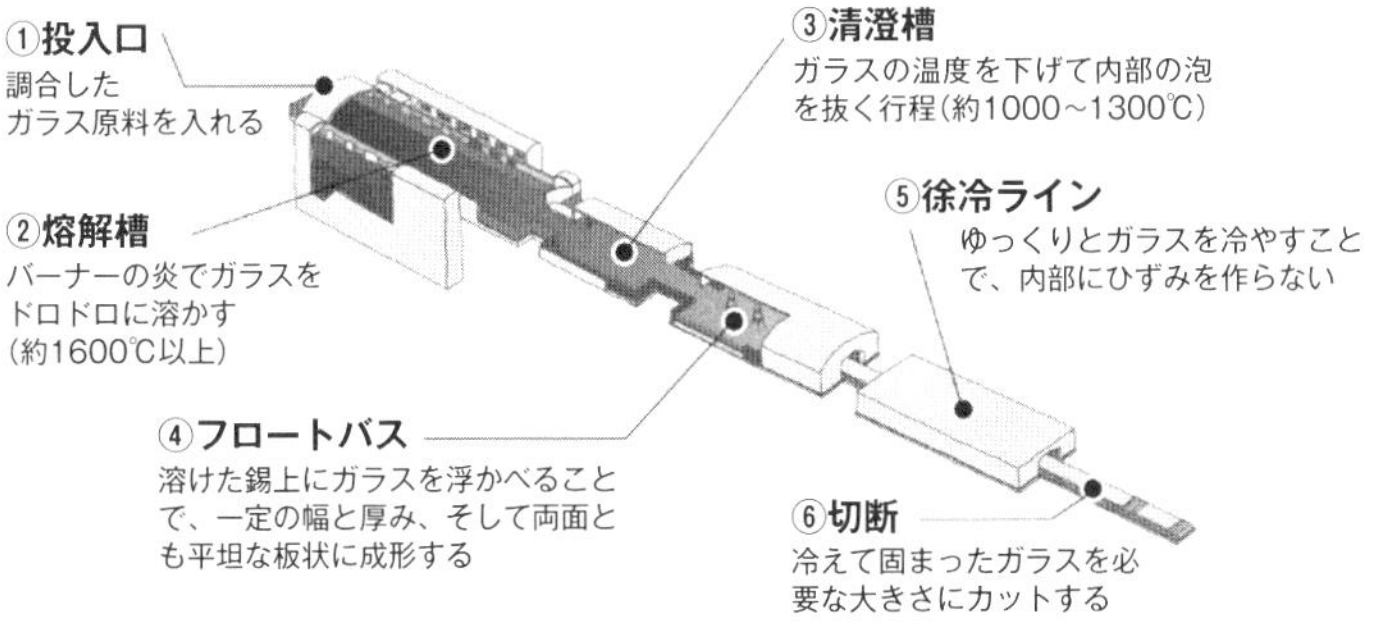

①投入口
調合したガラス原料を入れる
②熔解槽
バーナーの炎でガラスをドロドロに溶かす（約1600℃以上）
③清澄槽
ガラスの温度を下げて内部の泡を抜く行程（約1000～1300℃）
④フロートバス
溶けた錫上にガラスを浮かべることで、一定の幅と厚み、そして両面とも平坦な板状に成形する
⑤徐冷ライン
ゆっくりとガラスを冷やすことで、内部にひずみを作らない
⑥切断
冷えて固まったガラスを必要な大きさにカットする

注目される高機能ガラス

一般的にイメージするガラス製品といえば、建物の窓、自動車の窓、コップや食器などでしょう。しかし、ほかにもガラスは、液晶ディスプレイやハードディスクの基板など、最先端の様々な機器にも使われています。みなさんが毎日手にしているスマートフォンに使われている液晶ディスプレイ基板やカバーガラス、カメラのレンズやフィルターなども、みんなガラスでできています。

ガラスの特長は、透明でキズに強く、かつ高温に耐えられること。プラスチックは透明ですが、キズや高温には弱い。総合的に考えると、ガラスは最も歴史のある素材でありながら、現代の様々な場面で重宝されるよい素材だと言えます。

最近注目を集めているのは、高機能ガラスです。普通のガラス1枚では外気温の影響を受けやすいのですが、「複層（二重）ガラス」や「エコガラス」を使うと、太陽光の遮熱効果が格段に上がります。特にエコガラスは、空気を挟んだ2枚のガラスに薄い金属膜をつけることで、熱の伝わりを半分以下に減らします。エアコンの温度設定を弱くでき、省エネ効果は抜群。冬の結露もありません。

写真1　割れにくいガラス①
網入りガラス

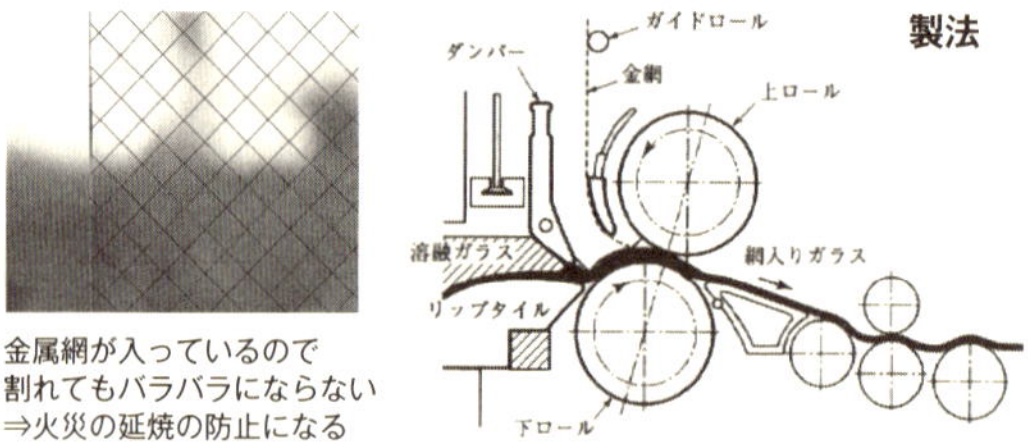

金属網が入っているので
割れてもバラバラにならない
⇒火災の延焼の防止になる

なぜ、金属膜をつけるだけで省エネ効果が生まれるのでしょうか。太陽光は、波長によって紫外線、可視光線、赤外線と分けることができます。中でも波長の長い赤外線は、熱を伝えやすいもの。金属の膜は、この赤外線のみを遮断して可視光線は透過させる性質を持っているため、熱を伝えにくいエコなガラスを実現することができるのです。

ちなみに、家全体のガラスをエコガラスに換えると、一軒家では年間265・5キログラムの二酸化炭素排出削減に。日本の住宅すべてをエコガラスにすると、家庭から出る二酸化炭素排出量のうち1割を減らすことができます。

割れにくいガラス

ガラスの弱点は、割れやすいことです。そのため、弱点を克服するための様々な研究が行われてきました。ここでは、3種類の割れにくいガラスを紹介しましょう。

ひとつは「網入りガラス」（写真1）。ガラスの中に金属の網が入っているので、割れはしますが、バラバラになりません。防火ガラスとしても使われています。

ふたつめは「強化ガラス」（写真2）。このガラスは、高温加熱したあと

写真2　割れにくいガラス②
強化ガラス

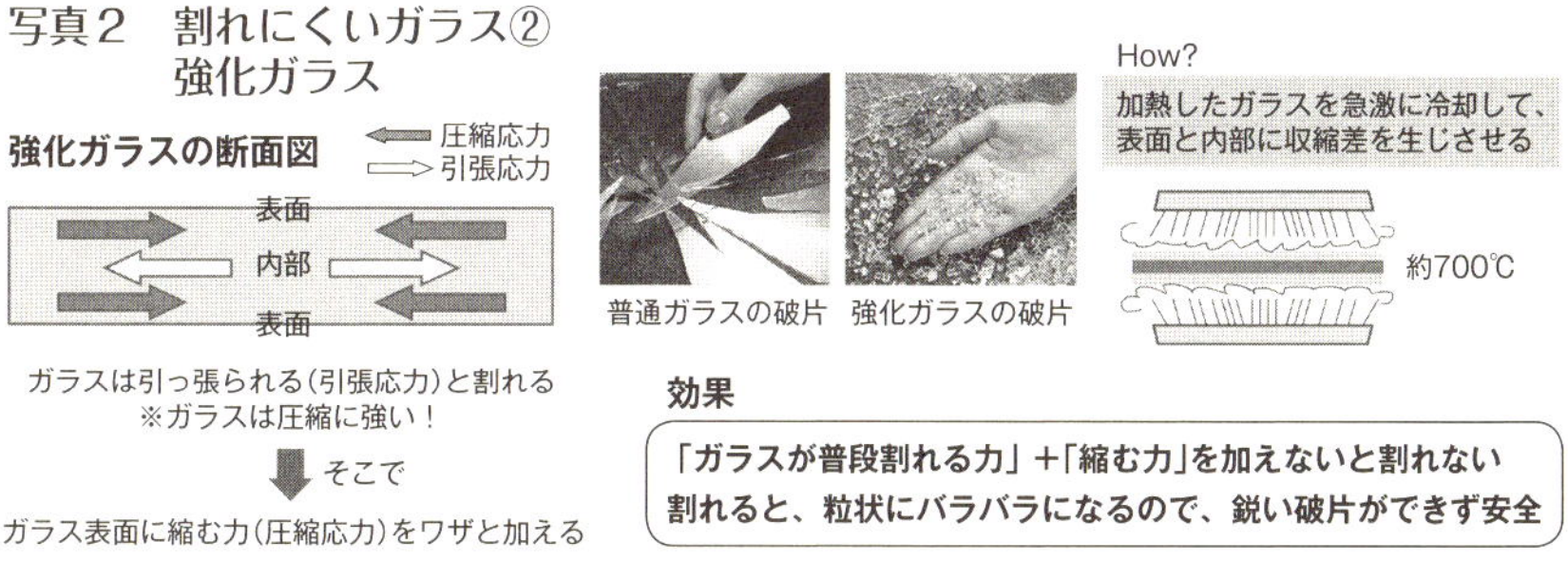

強化ガラスの断面図

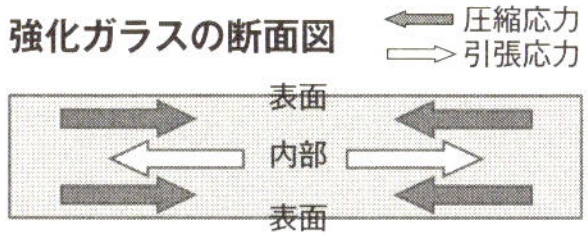

ガラスは引っ張られる（引張応力）と割れる
※ガラスは圧縮に強い！
そこで
ガラス表面に縮む力（圧縮応力）をワザと加える

普通ガラスの破片　強化ガラスの破片

How?
加熱したガラスを急激に冷却して、
表面と内部に収縮差を生じさせる

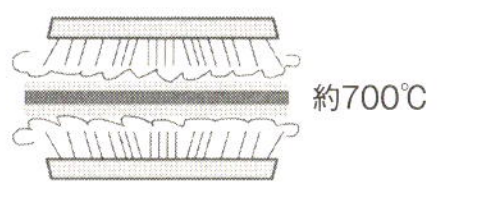

効果

「ガラスが普段割れる力」＋「縮む力」を加えないと割れない
割れると、粒状にバラバラになるので、鋭い破片ができず安全

に表面を急激に冷やすことで、内部との間に収縮差を生じさせています。ガラスは熱を与えると伸び、冷やすと縮まる性質があります。ガラスを急激に冷やしている間、ガラスの内側はゆっくり縮もうとしているのに、外側（ガラスの表面）は先に冷えて固まっているため、冷やしたあとのガラスの表面には縮む力が残ります。この縮む力が、ガラスが物にぶつかったときなどに発生する引っ張る力と相殺して割れにくくなるのです。

じつはこのガラス、縮む力が加えられている分、内部は割れやすくなっています。割れるときには粒状にバラバラになるため、ケガの危険を低減することができます。そのため、自動車のサイドガラスなどに使われています。

３つめは「合わせガラス」（写真３）。２枚のガラスの間に、高分子樹脂フィルムを挟んでいます。フィルムがあるので割れても飛び散らず、ヒビが入るだけ。防災・防犯ガラスとして建物に使われるほか、車のフロントガラスにも使われています。

社会に還元していくこと

就職して４年がたちますが、今年ようやく自分の設計したガラスが世に出ていく予定です。新しいガラスの開発は、すぐに成果が出るもので

写真３　割れにくいガラス③
合わせガラス

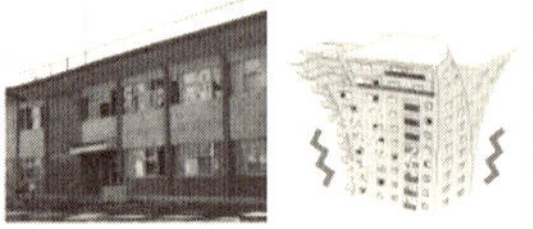

新潟県中越地震の様子　出典：板硝子協会

災害避難所として利用される学校の窓ガラスが破損

ガラスの間に特殊フィルムを挟むことで割れても飛び散らない、穴が開きにくいガラス

防災ガラスで、地震による災害拡大防止に貢献

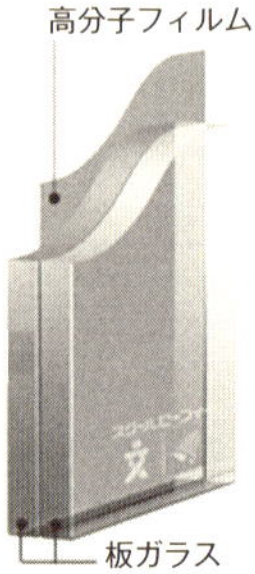

はありません。何度も研究と試作を繰り返し、ようやくこの段階にたどり着きました。長い時間がかかりましたが、製品化すれば年間数万枚という単位で使ってもらうことができます。

私はもともと理科の実験が好きで、小学生のころから研究者になりたいと思っていました。それが実現したわけですが、企業の研究者になると、自分の作ったものが世に出ていくという体験ができることを、日々実感しています。電機メーカーのように最終製品を製造しているわけではないため、製品そのものを買ってもらうことはできませんが、ガラスは生活のあらゆるところで使われています。

高校生のときは、受験勉強だけに気持ちが向かいがちです。しかし、受験がすべてになってしまうと寂しいものです。自ら研究を行うのはとても大事なこと。加えて英語と社会を頑張れば、世界中のニュースや論文が理解できるようになります。国語ができれば自分の研究成果をわかりやすく発表できるし、数学と理科を学べば複雑な現象も説明できるでしょう。また部活や委員会では仲間と協力し、組織の中で自分の役割を果たすことを学べます。一見無駄に思えることでも、今思えば高校時代のあらゆることが、私の毎日に生かされています。

受験はゴールではなく、勉強したことを社会に還元することがゴールです。今、私はガラス作りや研究が楽しくてなりません。このうれしさを、しっかりと社会に役立てていこうと思います。

次世代の君たちへ

浅島誠先生
（東京大学名誉教授
日本学術振興会 理事）

サイエンスの役割

日本には多くの問題があります。少子高齢化問題、エネルギー問題、環境問題、食糧自給率の問題、そして理科離れ……。それをいかに解決していくか。それを考えていくのがサイエンスの役割です。

20世紀後半から21世紀にかけて、生命科学は爆発的に進歩しました。遺伝子を改変したり、タンパク質の立体構造まで解析できるようになったり、再生医療技術が進んで人工細胞を作る時代に入りました。しかし、これらのことはあまり教科書には書かれていません。みなさんの想像よりも、はるかに生命科学は発展していることを、まずは頭に入れておいてほしいと思います。

発生生物学という学問

私は佐渡に生まれ育ちました。トキが絶滅していくと聞いたとき、これほど美しい鳥が消えていくのをなんとしても守りたいと思いました。それが私の生物学者としてのスタートです。どんな現象でもよいのですが、自分で何かしたいと思ったり、身ぶるいするような感動を持つことが、研究へとつながります。

その後、私は発生生物学への道へと進みます。子ども時代、卵がどうしてオタマジャクシになり、カエルになるかを不思議に思っていました。卵がどうして親になるのか、頭や胴や手足がどうやってできていくのかを知りたかった。それを調べる学問が発生生物学です。

この分野の中で、〝形づくりのセンター〟を見つける研究は長く行われてきましたが、誰も結果を出せていませんでした。そのため指導教官には「やめておきなさい」と忠告されました。しかしそれでも、やってみたかったのです。学位をとった後、ドイツに1箇所だけ専門の研究機関があることを知り、手紙を書いて受け入れてもらいました。「一生を棒に振ったらどうするのか」と周囲に言われましたが、これは賭けなのです。自然科学は知的冒険で、夢と熱情を持ってやっていけるかが重要です。たとえ一生解けなくても、次の代に誰かがまた研究を始めようとしたとき、私が書いたものを読んでくれるかもしれない。そのデータを作ることが重要だと思いました。

費用もなく、助手もおらず、研究環境はないない尽くし。クリーンルームは3000万円程度ですが、ビニールを買い、材木をもらって紫外線ランプを入れ、ほとんど同じものを数千円で作ったり、風呂桶を使ったり。立派なものなどなくても研究はできるのです。

図1　アクチビンAの構造の模式図

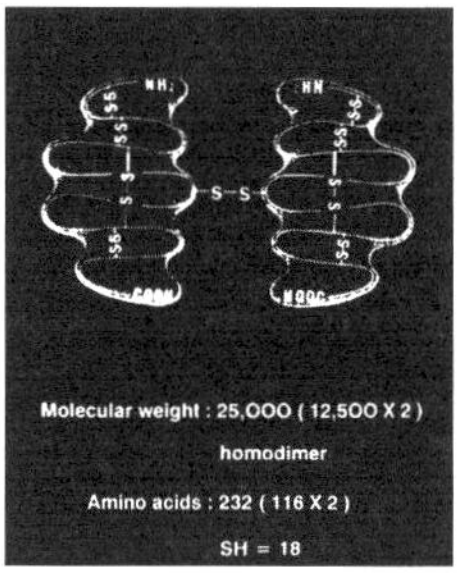

アクチビンは今日ではTGF-betaファミリーの中に含まれるが、中胚葉誘導因子として同定されるまでには65年の年月が必要であった。

その間、発生生物学の中では50年間胚誘導がメインテーマであったが、解明できなかった。

そのような中で15年かけてやっとアクチビンというタンパク質を見つけることができた(1989年)。ここから、新しい発生生物学が再び盛んになった。

そうして15年。アクチビンというタンパク質が、未分化細胞塊（アニマルキャップ）を様々な器官に導く誘導因子であることがわかりました(図1)。世界中の学者が50年以上追い求め、わからなかったことを発見できたのです。マウスやヒトの未分化細胞（ES細胞）にも働き、誘導作用を示すものです。

国際宇宙ステーションでの研究

最近、国際宇宙ステーションでは、私たちのカエルの腎臓と肝臓の細胞が培養されています。重力のない宇宙で細胞がどう変化を起こすか、非常に興味を持って見ています。この実験を行うために15年ほど待ちました。15年たつと科学の進歩は雲泥の差です。最新の器具を使って、最先端の技術で、最大の効果を上げるためにはどうすればいいかを考えなければなりません。

ケネディ・スペースセンターに行ったときも、たびたび打ち上げが延期になる中、1ヶ月ほど待ち続けました。発射6秒前でまた延期となったこともあります。精神的なストレスもみな極限です。

そんな中、苦労して打ち上げを迎えたときの感動は言い尽くせません。エンジンが地響きを立てて噴き出し、赤い炎が燃え、やがて青くなり、最後は金色の卵のように夕空に消えていく。本当に美しく、心が震えました。このような感動を、みなさんにも味わってほしいと思うのです。

研究者にとって必要なのは、壁にぶち当たったときに乗り越える力です。人生は壁だらけ。それでも本当にやりたいことが見つかれば、誰が何を言おうとやっていく気持ちが生まれます。まさに私がそうでした。生物は絶対に嘘をつかない。それを信じてここまで進んできたのです。

照明のサイエンス

山本雅裕さん
（株式会社東芝 研究開発センター
知識メディアラボラトリー主任研究員）

宇宙から地球を見てみよう

まずは、ＮＡＳＡ所蔵の画像を見てみましょう（写真１）。これは、衛星から夜の地球を撮影したもの。宇宙から見ると、地球はこのように光っています。私からは、この写真で伝えたいメッセージがふたつあります。

ひとつは、まだ照らされていない地域がたくさんあるということ。文明の発達という意味では照らすべきでしょう。

もうひとつは、宇宙から見て光が確認できるのは、すべて無駄なエネルギーだということ。上空に向かう光は、人を照らすという意味では不要です。照らすには、衛星から見えないほうが効率はいい。人類は、光に対してこれほど無駄を出しているのです。

特に日本は、世界全体と比べても光りすぎです。この画像は２００２年のものなので、現在はさらに光っているでしょう。しきりにエコと叫ばれていますが、私たちにはまだまだやるべきことがたくさんあります。

次に、様々な色や形の図を見ていきましょう。凸面の図形は、さかさまにすると凹面に見えます（写真2）。立体図形を組み合わせた図は、どちらが前部でどちらが後部なのか、わかりづらい（写真3）。また、すべて曲線だと思って見ている図でも、本当は直線だったりします。

色とは、人間の脳が作り出したもの。「絶対色」というのは存在しません。明るさの感覚も環境によって左右されます。つまり、人の脳は常にだまされているのです。これは悪いことではなく、自然の中で生きるために備わった機能です。人の脳のいいかげんさ、つまり柔軟性を踏まえた上で、われわれは照明を設計しています。

芸術や歴史の中の「色」

色や明るさの話は、様々なところに登場します。

たとえば芸術。フランスの画家ポール・セザンヌは、「色には色の論理があって、画家は色の論理に従わなければならない」と

写真１　宇宙から見た地球の光

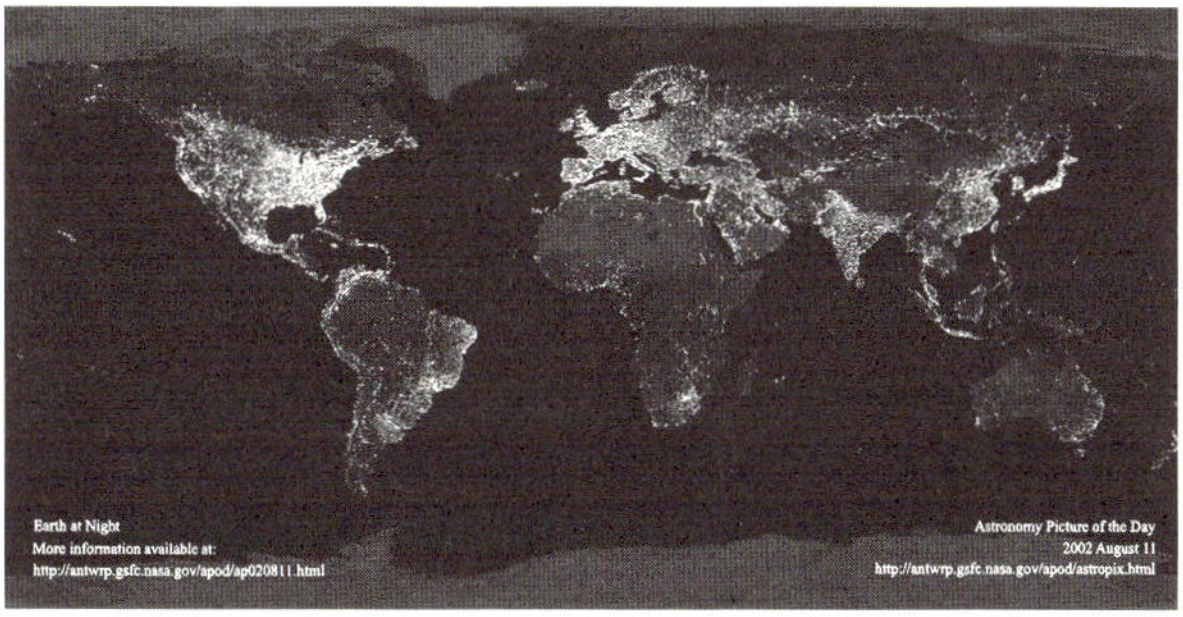

（出典：http://apod.nasa.gov/apod/ap020810.html）

いう名言を残しています。

また、たとえば日本史。安土桃山時代の茶人千利休は、暗闇の効果を知っていたので、暗いところで映える藍色の服しか身にまといませんでした。彼の茶室に、豊臣秀吉は黄金の衣装を身に着けて入ったという逸話があります。対照的な話です。

たとえば古典文学。『枕草子』などを読むと、そのころの日本語には「赤」「青」「白」「黒」の4つの色表現しかないことに気づきます。その中で青は「青々と繁る」と言って緑色のことも指すし、赤については「紅」「真紅」「朱」など形容する言葉もたくさんあります。これらの色彩感覚は、日本人特有のものです。

日本人は白い色を好みます。とりわけ真っ白が好き。なぜかと考えていくと、鎌倉末期に記された吉田兼好の『徒然草』までさかのぼることができます。この本の中に「家というのは夏を旨として建てる」という記述があることに気づきます。

日本の家の天井が高いのは、夏に光と風をできるだけ取り入れるためで、夏の過ごし方がまず重要だと、吉田兼好は言っています。冬は、閉めきれば寒さをしのげるからでしょうか。結果的に、夏の昼間の太陽の真っ白い光が、日本人の明るさの基準になっていて、冬でもその明るさをそのまま保ち続けようという気持ちが強いことがわかります。

写真2　ラマチャンドラン型のクレーター錯視

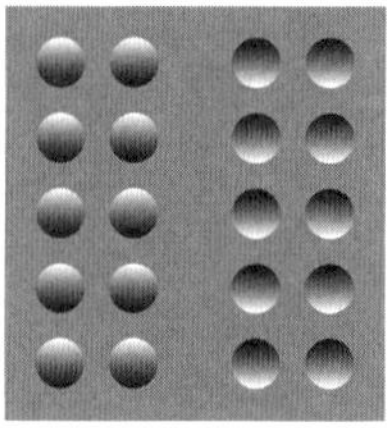

（出典：http://www.psy.ritsumei.ac.jp/˜akitaoka/craterillusion.html）

写真3　ネッカーのルービックキューブ

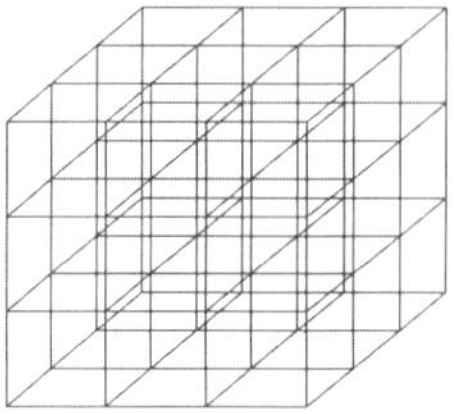

（出典：http://www.psy.ritsumei.ac.jp/˜akitaoka/tagi4.html）

LEDの効用

東芝は１８９０年に国内で初めて白熱電球を実用化して以来、日本初の蛍光ランプ、世界初の電球型蛍光ランプなどを開発してきました。世界で発明されてきた５つのランプのうち、ふたつは東芝の発明品です。現在は、地球温暖化防止と経済性を両立したＬＥＤ照明（発光ダイオードを利用した照明）へとシフトし、一般の人たちの間でも普及が進んできています。

地球温暖化で問題になっているのは、二酸化炭素の排出量です。家庭からの二酸化炭素排出量のうち、照明や家電製品などが出す割合は38％。エアコンやテレビや冷蔵庫など、新しい商品の二酸化炭素排出量は減っていますが、照明をＬＥＤに換えていけば、さらにこの数字はずいぶん変わるはずです。

フランスのルーブル美術館でも、当社のＬＥＤ照明は使われています。じつは、美術品の照明というのは非常に難しいものです。というのは、熱や紫外線を発生させてはいけないからです。そのため、従来は光ファイバーを引き、絵画のところまでライトを持っていって光源を分離するという、大がかりなテレライティングという仕組みを採用しています。今では、ＬＥＤ照明を使用することにより、熱から解放され、消費電力を60％も削減しながら、ムラのない明るさで絵画を照らすことができるようになりました。

本質を見きわめること

現代の人間は、照明の光の下で生まれ、照明の光の下で死んでいきます。生涯かけてつきあうものが照明であり、照明を語るには人の生活すべてを考えなくてはなりません。物理、化学、生物、世界史、日本史、美術、古典……突き詰めていくと、あらゆる勉強が必要になります。理系の生徒さんは、現代国語や古文に力を入れない人が多いので戸惑うかもしれませんね。美術に関しても、建築学科を目指す人ならデッサンのために学ぶでしょうが、多くの人は関係ないと思っているでしょう。

しかし、芸術の価値や歴史の価値を知っていると、物事の本質的な意味がわかってきます。「本質」を見きわめることこそ、科学や技術を進めていくときに最も重要です。それがない限り、発展はありません。

どんな学問にも、必ずサイエンスとの接点はあります。たとえば『徒然草』で、どんな色が登場しているか。家の形態がどう描かれているかを読み込むだけでもいい。きっといろいろなことが描かれていて、面白いレポートが作れるでしょう。そういう勉強の仕方を高校時代から築いていけば、必ず自分のためになるのです。

私の大学時代の専門は物性物理ですが、昔から幅広く学ぶのが取り柄でした。おかげで会社でもいろいろなことをやらせてもらって、それがよかったと思っています。

得意な分野を磨いて「一点突破」という考え方もありますが、専門性を高めるだけでは、今の時代はおそらく競争力がありません。専門以外をどうやって自分の山に統合させていくか。そのために、幅広く学ぶクセをつけないといけません。裏返せば、そういうことができない人は、あまり理系に向いていないとも言えます。

　今の時代は昔よりもずっとグローバルになったため、大学でも海外と闘わなくてはなりません。留学すればよいという話ではなく、否応なくスタンフォードやケンブリッジやＭＩＴを意識することになるのです。少なくとも、やる気で負けるわけにはいきません。海外と渡り合うためにも、本質を突いた幅広い勉強が必要です。

　サイエンスというのは、本当の意味での「物の理」「ことの理」です。どんな事柄であっても、最後は「物」と「人」しか残りません。すべてはこのふたつに集約されます。そこには理系も文系もなく、人の生活しかありません。繰り返しますが、幅広い視点を持って高校時代から学び続けていってほしいと思います。

“考える雰囲気”を楽しむ和田サロン

和田昭允 先生

（東京大学名誉教授、理化学研究所研究顧問、
横浜サイエンスフロンティア高等学校
常任スーパーアドバイザー）

答えのないことを語り合う場所

サイエンスリテラシーを語る上で、忘れてはならないのが「和田サロン」だ（写真1）。SLの授業とは直接の関係はないが、授業に必要な「自ら学ぶ空気」が生まれる場所である。「放課後、お茶を飲みながら気楽に集まって語り合おう」というこのサロンの主は、YSFHの常任スーパーアドバイザー和田昭允。和田サロンはYSFH創立のはるか前、和田が東京大学理学部で研究室を持ったころから開いてきた歴史がある。

和田は語る。

「大学の研究室の横に大きな机を置いて『和田サロン』と名づけ、誰でもいつでも来られる場所にしていました。話題の制限を設けず、自分の頭で考えたことをとことん議論する。自由闊達な会話が、面白い学者を育てるのに成功したんです」

そんな経験から、和田はYSFHでもサロンを開きたいと考えた。ただ、大学のように勝手に集まって自由に始めるわけにはいかないので、放課後定期的に開くことにした。

毎年前期は、入学したばかりの1年生6クラスを半分の20名ずつに分け、12回行われる。生徒たちは、一流の学者の気さくな人柄と言葉にふれ、物怖じせずのびのびと学びを深めていくようになる。

「和田サロンは、授業ではありません。授業は答えのあることを先生から聞いて勉強する場。しかし、世の

写真1　自由闊達な雰囲気の和田サロン

中に出たら答えのないことだらけだ。だからここでは、答えのないことを『ああでもない、こうでもない』と議論するんです」

後期は1回ごとにテーマを決め、自由なディスカッションを行っている。テーマは前もって告知されるので、興味があればどの学年の生徒でも参加してよいことになっている。たとえば、2013年の後期には、次のようなテーマが並んだ。

・宇宙人はいるか？　ドレーク方程式とフェルミ推定
・宇宙の広がりを見る：時空計算尺
・不可能立体：我々は〝立体〟を〝平面〟上にどのように見るか
・ワトソン、クリックのノーベル賞論文を読む
・分子の〝柔らかさ〟について：分子の振動と内部回転
・サイエンスの源流：ギリシアの自然哲学
・空気の流れ：渦と流線型
・ロゼッタストーンの解読
・DNA二重らせんを解く

内容は幅広く、高校生には難しいのではと思われるものも含まれる。

「生徒たちがどこまで理解できるかはわかりませんが、頭の隅にとどめておいてもらえたらいい。いずれ大学に行き社会に出たときに、『あのときの話だな』と思い出すことがあるでしょう。そのとき役立てばいいのです」

主体的に考え、動く

YSFHで和田サロンが始まって5年。昨年はとてもうれしいことがあったと、和田は語った。

「2年生の女子生徒がぼくのところに来て、『私たちにもサロンをさせてください』と言ってくれたんだよ。このとき『1週間前に必ずテーマを全校生徒に知らせること』『ぼくも参加すること』のふたつだけ条件を出しました」

その後、生徒から上がってきたのは「お風呂」というテーマ。お風呂の湯気にはどんな効果があるのか。ローマ時代のお風呂、江戸のお風呂など、様々な内容が取り上げられ、議論は尽きなかったという。

「生徒の中から、やりたいという意思が生まれてきたことが素晴らしい。常日頃、和田サロンでは3つのことを伝えています。第1に『高い視線と広い視野で全体を見ること』、第2に『解析力と洞察力を持つこと』、第3に『自分の頭で考えること』。ぼくは年齢的にも、5年後に学校にいるかわかりませんが、これらをいつも意識し、自ら動いていく人になってほしいんです」

和田サロンでまかれた種は、小さな科学者として歩み始めた高校生の中で、たしかに育ち続けている。

おいしさとうま味

鬼頭守和さん
（味の素株式会社
研究開発企画部・広報部 部長）

おいしさって何だろう？

私たちは毎日、何かを食べて暮らしています。食事をするのは、生きていくために必要なエネルギーや栄養を取り入れるため。でも、栄養を補給するだけなら、おいしさを追究する必要はありません。もし、食べているものに味がなければどうなるでしょう。まさに、「味気ない」生活になるはずです。おいしさとは、幸せな生活、文化的な生活、よりよい生活のために、とても大切なことです。

たとえばここに、ぶどう味、オレンジ味、りんご味など様々な味のグミキャンディーがあります。鼻をつまんでひと粒食べてみましょう。やってみるとわかりますが、鼻をつまんだままでは、何味のグミか見分けがつきません。香りがなければ、微妙な味の違いを感じることができないのです。

また、お年寄りの介護食では、のどに詰まらないよう何でもすりつぶしますが、これも何を食べているかわかりません。自分が今、何を食べているかわからないと、食べる楽しみは奪われます。単に、味があるなしの問題ではないのです。

人は、目で確かめ、匂いをかぎ、歯ごたえや音まで感じながら、五感のすべてを使っておいしさを感じています。そして、自分の体調の変化や、一緒に食べる相手、誰が料理を作ったかなど、あらゆる要素がおいしさに関係してきます。

ただし、実際の味をキャッチしているのは、やはり舌です。舌の表面には、「茸状乳頭《じじょうにゅうとう》」や「有郭乳頭《ゆうかくにゅうとう》」と呼ばれる小さな突起がたくさんあります。さらに拡大してみると、「味孔《みこう》」と呼ばれる穴があり、その下に「味蕾《みらい》」という味を感知する器官が広がっています（図1）。

舌が感じる味は、5つの基本味に分けることができます（図2）。「甘味」「塩味」「酸味」「苦味」「うま味」です。ほかにも「辛味」や「渋味」がありますが、これは味蕾が感じる味ではなく、痛みの受容体などで感知しています。5つの基本味は、それぞれ英語で「sweet」「salty」「sour」「bitter」と表現しますが、最後のうま味だけは、英語でも「umami」。日本語がそのまま国際語として通用しています。

図1　味蕾模式図

味神経で感じる
味のみを
基本味と呼ぶ

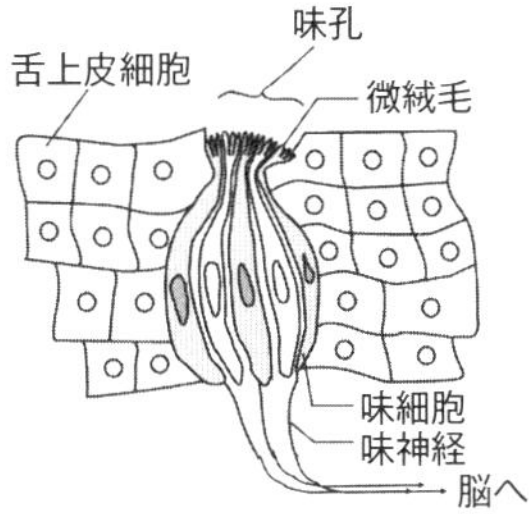

うま味調味料は何から作られる？

では、うま味とは何でしょうか。

うま味が発見されたのは、今から100年ほど前の1908年のこと。東京大学理学部の池田菊苗という科学者が、昆布の中にグルタミン酸という、うま味成分があることを発見しました。もともと、日本料理の基本は「出汁《だし》」にあります。出汁には昆布が利用されており、深いコクとまろやかさがあります。それを生み出しているものこそ、うま味成分であるグルタミン酸です。

ここで、どんな食べものにグルタミン酸が含まれているか、実験を行ってみましょう（図3）。

L-グルタミン酸をL-グルタミン酸オキシダーゼで酸化すると、過酸化水素が発生します。これをペルオキシダーゼ反応で青色色素に導き、色を比較するのです。グルタミン酸が多い食品ほど、濃い青に染まります。

結果を見ると、昆布には含まれているのにわかめにはなく、トマト、チーズ、アスパラガスなどには含まれていて、水、レタス、塩にはないことがわかります。じつは人間の母乳にもグルタミン酸が非常に多く含

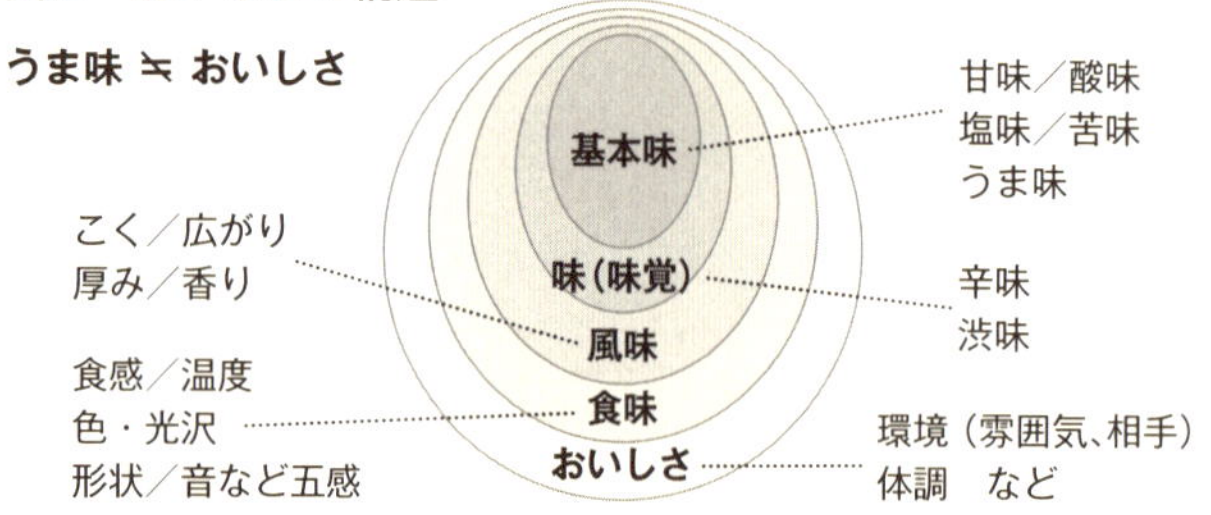

図2　おいしさの構造

まれています。人は赤ちゃんのときから、うま味を心地よいものとして体に取り入れているのです。

このうま味を、国民の栄養に役立つことに活用したいと考えた池田菊苗と、当時の実業家である鈴木三郎助が出会い、１９０９年に味の素株式会社の前身のベンチャー企業が生まれました。うま味調味料である、グルタミン酸ナトリウムの量産の始まりです。

グルタミン酸ナトリウムとは、トマトに塩をプラスしただけで出てくる成分です。トマトはもともとグルタミン酸を持っている野菜ですが、１００％の無塩トマトジュースより、塩が入ったジュースのほうが、うま味が強い。これが天然のうま味成分です。

では、トマトがあれば、うま味調味料が作れるのか。現在味の素グループでは、年間約50万トンのグルタミン酸ナトリウムを作っていますが、これだけ生産するには、２億トンのトマトが必要です。世界中のトマトの年間生産量は1億トンあまりなので、とても足りません。また、昆布で作ろうとすると、２５００万トンが必要です。世界中の昆布が１週間で枯渇してしまうほどの量です。

当社ではグルタミン酸ナトリウムの生産方法を、試行錯誤してきました。最初は小麦に含まれるグルテンというタンパク質を利用しました。グルテンは、グルタミン酸という言葉の由来となる成分です。塩酸で分

図３　グルタミン酸の実験

L- グルタミン酸 + H_2O + O_2 $\xrightarrow{\text{L- グルタミン酸オキシダーゼ}}$ α - ケトグルタル酸 + NH_3 + H_2O_2

H_2O_2 + DAOS + 4 − AA (DAOS：酸化還元系発色試薬) $\xrightarrow{\text{ペルオキシダーゼ}}$ 青色色素 (600nm)

【測定方法】

1：発色試薬の調整：緩衝液1本に酵素試薬1本を全量溶解させる。

2：発色試薬と試料を混ぜ(0.5 ～ 1.0mℓ)、室温で20分放置する。

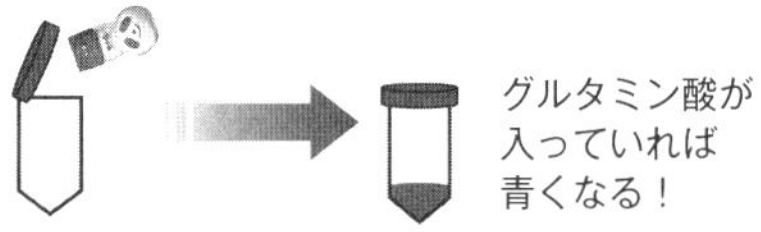
グルタミン酸が入っていれば青くなる！

解して抽出していましたが、効率がよくありませんでした。そこで、さとうきびから砂糖を搾ったあとの残りの糖分に、グルタミン酸生産菌という微生物を混ぜ、30～34℃で30～40時間発酵させて作るようになりました。

うま味調味料は、少し前まで化学調味料と呼ばれケミカルなイメージでしたが、実際はさとうきびを原料に微生物で発酵させた、自然由来のものなのです。

体内にも存在するグルタミン酸

トマトやチーズや生ハムは、熟成するとうま味が増していきます。なぜなら、熟成によってタンパク質が分解されるからです。タンパク質はアミノ酸がつながってできたもの。そのアミノ酸の中にグルタミン酸も高い割合で含まれており、タンパク質が分解すると、うま味成分であるグルタミン酸が増えていくのです。

昔の人は「熟すとおいしいね」と言って食べていましたが、じつはそれがグルタミン酸の働き。人はおいしいものを、体験的に知っていたのです。青いトマトが真っ赤に熟すだけでも、グルタミン酸は増えています。

グルタミン酸は、人の体の中にも存在しています。体の60％は水分ですが、残り40％のうち、半分の20％がタンパク質でできています。このタンパク質は、次の20種類のアミノ酸がつながったものです。それは、バリン、ロイシン、イソロイシン、アラニン、アルギニン、グルタミン、リジン、アスパラギン酸、グルタミン酸、プロリン、システイン、スレオニン、メチオニン、ヒスチジン、フェニルアラニン、チロシン、トリプトファン、アスパラギン、グリシン、セリンになります。
グルタミン酸はこの20種類のアミノ酸のうちのひとつで、生きていく上で必要不可欠な成分です。食べものから取り入れたグルタミン酸は、体内で唾液の分泌を増やし、消化を助けると言われています。

食品だけではない味の素グループの製品

味の素グループが、調味料や冷凍食品を作っていることは、みなさんもよくご存じでしょう。しかし、それ以外の製品を作っていることはあまり知られていません。かつてはアミノ酸やグルタミン酸だけを販売してきましたが、現在は長年の研究を利用して多角的な事業を展開しています。

たとえば当社の製品には、アミノ酸の入った保湿剤や洗浄剤があります。石けんの材料をアミノ酸で作ると、目に入ったときにも弱酸性で痛くない、やさしい洗浄成分のものができあがります。また、スキンケアでアミノ酸を補うと、肌本来の力が引き出され、ハリのある肌が戻ってきます。こうした化粧品の原料として、世界約50か国３０００以上の企業で当社のアミノ酸関連製品が使われています。また、アミノ酸は鶏や豚の飼料の添加物としても用いられています。エサのアミノ酸バランスを整えることで、効率よく家畜が大きく育つのです。

意外に思われるかもしれませんが、コンピューターの中にも当社の製品が使われています。ＩＣチップのパッケージの中にある、絶縁フィルムです。現在アミノ酸は、発酵法で作られていますが、合成法で作る研究をしていた時期があり、そのときの派生技術で生まれた製品です。

繊維会社の東レとは、「バイオベースナイロン」の開発を行いました。もともとナイロンの原料は石油ですが、植物由来のもので環境にやさしいナイロンを作ったのです。また、ブリヂストンとは、発酵技術によってゴムを作る共同開発を続けています。発酵法は、食べものだけではなく環境にも貢献できる技術です。

ほかにも、血中アミノ酸濃度を測定し、早期ガンのリスク評価をする健康診断にも当社の分析技術が使われ始めています。血液を採るだけで、どのガンになりやすいか、その人の持つリスクがわかるのです。うま味調味料やアミノ酸を作ってきた技術が、様々な分野へと広がりつつあります。

理系と文系をつないで

高校生のみなさん、最後に将来の進路を考える上で参考になるかもしれない仕事のキャリアについて私の例を紹介します。大学に進学したのは約30年前の１９８３年、ちょうどニューバイオと呼ばれる当時最新のバイオテクノロジーがマスコミに盛んに取り上げられていました。遺伝子操作や細胞培養など、当時の高校の教科書にはまったく載っていない技術が開発され、将来はバイオテクノロジーの時代が来ると言われていた時代でした。

この技術に興味を抱き、大学では遺伝子工学を学びました。バイオテクノロジーとは生命現象を解析して、よりよい生活の実現を目指した技術全般のことです。先ほど紹介したうま味の受容体の発見も、この技術を使ったものです。大学の修士課程を修了するにあたり、大学に残り先端の科学を追究するよりも、技術を使って人々の生活に役立ちたいとの思いから企業に就職しました。

入社当初は、新しい技術を使って新しいことができることに満足していました。しかし、会社では事業活動に貢献することが求められます。新製品を開発し、それを生産し、そのよさを使っていただく方に伝え、購入してもらい、利益を出す。そこまですることが求められます。研究はごく一部にすぎません。研究だけではなく、自分の能力を活かし、ほかの人にできない仕事をしたいと悩みました。たどり着いたのが、今の技術広報です。研究開発企画部で味の素グループ全体の研究開発を把握し、広報部でメディア向けに情報発信を行っています。一般の人に、専門情報をわかりやすく伝える仕事です。

専門家に専門用語を用いて説明することは大学に限らず、様々な業種でも行われています。しかし、専門家でない人に興味を持たせ、正確にわかりやすく伝えることをできる人が極めて少ないのが、日本の現状です。学ぶ場もありません。自分を理解してもらうためのコミュニケーション能力の不足が、日本の問題ではないでしょうか。それには相手が理解できる言葉で表現するための幅広い教養、つまりリテラシーが必要です。理系教科のみならず、文系教科も重要であると考えています。異なる分野の能力を複数身につけて、それを融合することにより新しい仕事に結びつけていく、こんな考え方もあるのではないでしょうか。自分の得意技を増やしていく心がけが重要だと思います。全部完璧にこなす必要はありません。

みなさんの将来の進路決定にあたり、参考になりましたら私も幸せです。

第2章

個人の研究を深めるサイエンスリテラシーⅡ

２年生が学ぶＳＬⅡは、ゼミ形式。
自分の研究テーマを決め、個人研究をスタートします。
実験を重ねてデータを集め、結論を導いた
高校生たちの研究を紹介します。

環境・化学分野

ニッポンウミシダのレクチンについて

中島大暁さん
（1期生　大阪大学 理学部 生物科学科 生命理学コース 在学中）

ニッポンウミシダという生きもの

中島さんが研究テーマに選んだのは、ニッポンウミシダという生きもの（写真1）。写真のように一見植物に近い姿をしているが、じつはウニやヒトデなどと同じ棘皮《きょくひ》動物で、海のプランクトンを食べて生きている。

「もともと自然が好きで、生物に興味がありました。中でも釣りやキャンプが好きなので、海の生物を取り上げたいと思っていたんです。理科調査研究部に所属していたのですが、顧問の小島先生から『これをやってみない？』と勧められたのが、ニッポンウミシダでした。

ニッポンウミシダは、無脊椎動物の中で脊椎動物にいちばん近く、腕を切ってもまた生えてくる強い再生能力があります。しかも一般的には知られていないし、あまり研究もされていません。これは面白そうだと

写真1　植物に似ているニッポンウミシダ

思ってすぐに決めました」

ニッポンウミシダを扱うことは決まったが、何について調べるかは、すぐには決まらなかった。インターネットでその生態を調べたり、実験に備えて器具の準備をしていたとき、大学の先生から「ウミシダの抽出液には、赤血球凝集活性がある」ことを聞いて、中島さんは俄然興味を持ったそうだ。

「その原因になる物質は、タンパク質の一種『レクチン』でした。レクチンは人間も持っているタンパク質ですが、新しい医薬品や、生理学的研究ツール、進化の解明の手がかりとして、ものすごく広い応用範囲を期待されている物質と聞き、ますます研究したいと思ったんです」

レクチンは、狭義では「酵素や抗体ではない、複数の糖の鎖と結合できるタンパク質」、広義では「糖の鎖の種類を見分け、特定の糖だけと結合し、橋渡しをするタンパク質」を指す。赤血球の中にレクチンを加えると、細胞膜の表面にある糖の鎖にくっついて、凝集反応を示すという。

抽出液を作り、赤血球を凝集させる

中島さんの研究は、ニッポンウミシダの抽出液を作ることから始まった。校内の水槽で飼っているニッポンウミシダの腕を根元から切り取り、乳鉢の中に入れてすりつぶし、ペースト状にする。そこにリン酸バッファー（緩衝作用のある溶液）を加えてよく混ぜ、遠心分離器にかける。この上ずみをニッポンウミシダの抽出液とした。

「ウミシダの腕の幹にあたる部分は太くて硬いので、最初に叩くようにつぶしました。腕の中には余計なものも入っているので、上ずみだけを取り出して実験に利用しました」

こうしてできたニッポンウミシダの抽出液をスライドガラスにピペットで乗せ、その上からヒト赤血球溶液をピペットで加え、円を描くようにゆすって混ぜた。すると、16個体のうち6つが、赤血球凝集活性を示した（図1）。また、中島さんが自ら海で採取してきたニッポンウミシダの1個体からも赤血球凝集活性を確認できた。

「赤血球が凝集するということは、レクチンが含まれているということです。すべてのウミシダの抽出液が赤血球の凝集をしなかったのは、個体差があるのだと思います。凝集は肉眼でも見られますが、あやしいときには顕微鏡で見ていました。

　このウミシダの抽出液は、倍、倍、に薄めていっても凝集反応があり、32倍に薄めたところで活性がなくなりました」

　次にHPLC（高速液体クロマトグラフィー）で、レクチンを分析した。HPLCとは物質の流れるスピードによってタンパク質を分離する機械。これにニッポンウミシダ抽出液を流して圧力をかけ、分離する。

　HPLCでの分析結果は、クロマトグラムというグラフ（図2）によって示されている。経過時間によっていくつかのピークがあるので、ニッポンウミシダには、複数のタンパク質が含まれていることがわかる。

「1分おきに出てくる液を、手動で分けていくこともしました。最初のほうに出てくるものは重いタンパク質で、あとから出てくるものほど軽

図1　赤血球の凝集反応

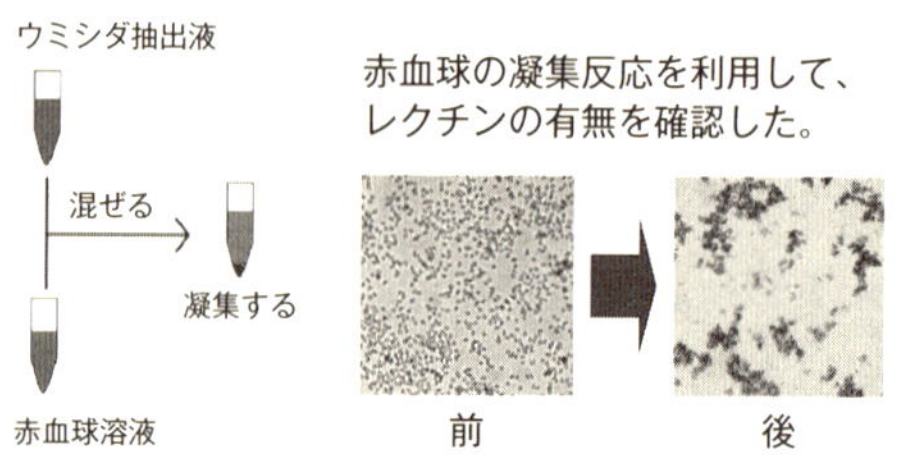

赤血球の凝集反応を利用して、
レクチンの有無を確認した。

図2　HPLCでの分析結果

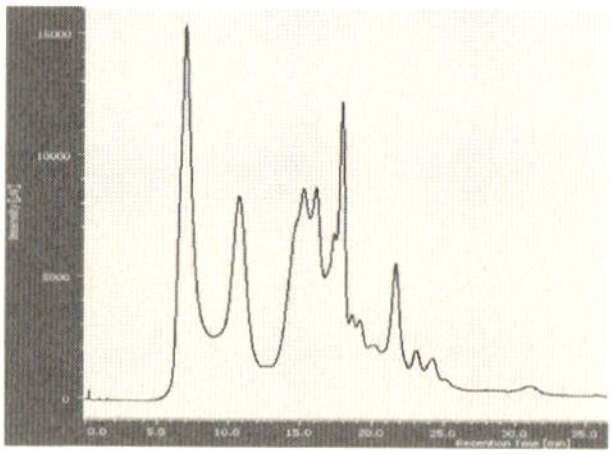

くなります。分けた液のどれにレクチンが含まれるか調べるため、それぞれにもう一度赤血球を加え、凝集するものを調べていきました」

そして中島さんは、ニッポンウミシダに複数のレクチンが含まれていることを確認した。

考察と感想

「基本的には学校の水槽で飼っているウミシダを使いましたが、自分で海に行って見つけたウミシダを使うこともできました。磯にいる動物なので、自分で採取できたことも面白かったです。

すべての個体で赤血球の凝集反応が見られなかったのは、個体差があるからだと考えました。そもそも疑集しなかった理由としては、完全にレクチンを持っていないのか、活性を示すには量が不十分なのか、凝集を阻害する糖が含まれていることが考えられます。腕を切り取ったタイミングで凝集活性の有無が変化したことから、何らかの影響でレクチンの量が変化したことも考えられます。腕を切り取ったことへのストレスか、腕の再生による変化かもしれないと思いましたが、確証はありません。

ウミシダは羽根のような形をしていて、幹の部分と細い枝の部分からなっています。幹と枝とを分けて抽出実験もしましたが、これはどちらも同じ結果でした。レクチンはウミシダの腕の全体に散らばっているのだとわかりました。

ＨＰＬＣで出てきたグラフでは、複数の違うタンパク質があることがわかりますが、レクチンはこのうちのほんの一部です。レクチン以外にもタンパク質はたくさんあるので、ほかにどんなものが存在しているのかも調べていきたかったです。

最初は、研究がどんなところに落ち着くのか予測も立てていませんでしたが、結果的にちょうどよいところで実験を終えることができました。多少不完全燃焼ではありますが、ＳＬⅡは、自分で実験に取り組めるとても楽しい授業でした。

レクチンはいろいろな生物が持っているタンパク質です。レクチンの内容を調べて、似ているレクチンを持っていることがわかれば、それは同じ祖先かもしれず、進化の解明もできます。本当はＳＬⅢでも続けて研究したかったくらい、面白いテーマでした」

ニッポンウミシダのタンパク質についての研究
(Oxycomanthus japonicus)

中島　大暁

概要

私は、レクチンと呼ばれるウミシダの有能なタンパク質について研究をしている。この研究では、HPLC/GFC（高速液体クロマトグラフィー/ゲルろ過）を使い、*O. japonicus* のレクチン(OJL)が複数のレクチンからなっていることを発見した。

ニッポンウミシダとレクチンについて

ニッポンウミシダ

✧　棘皮動物門
✧　ウニ、ヒトデ、ナマコと同じ仲間。
✧　流れてくるプランクトンを食べている。
✧　強い再生能力を持つ。
✧　これらも研究者はそれほど多くなく、分かっていないことも多い。

レクチン

✧　糖に結合できるタンパク質の総称。
✧　糖を選んで結合する。
✧　次のものになることが期待されている
・新しい医薬品
・生理学的な研究のツール
・進化の過程の解明の手掛かり　　など。

図 1　ニッポンウミシダ（*O. japanicus*）

実験 1　　赤血球凝集反応

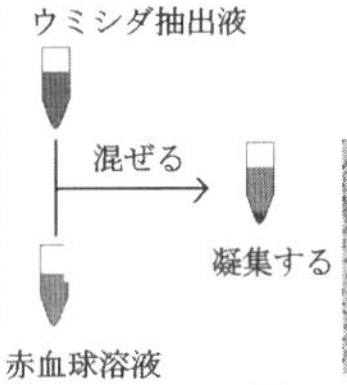

OJL を確認するために、赤血球凝集反応を利用した。

結果

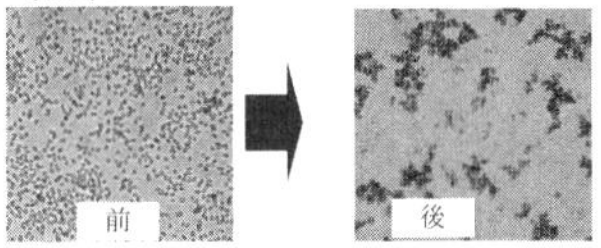

実験 2　HPLC

OJL を分離するため HPLC/GFC を使った。

方法

1. ニッポンウミシダの抽出液を 10 倍に薄めた。
2. それをフィルターでろ過した。
3. HPLC/GFC にそれを注入した。
4. 1 分おきにフラクションを集めた。

結果

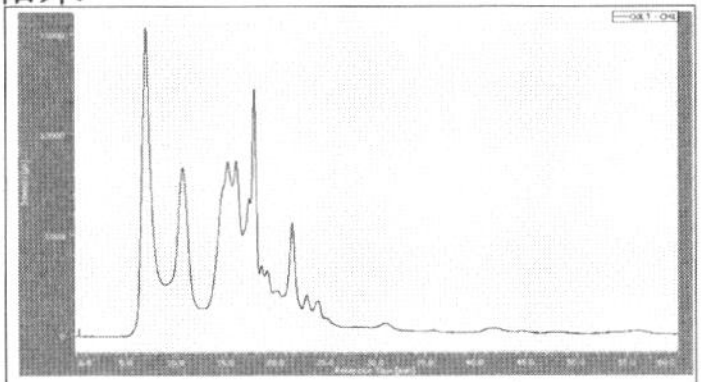

図 2　HPLC/GFC の分析結果

図 2 から言えること

私は、赤血球凝集反応を利用し、各フラクションに OJL が含まれているか確認した。その結果、複数のフラクションで OJL が検出された。これを根拠として、OJL は複数のレクチンからなっていると結論付ける事が出来る。

まとめと展望

ニッポンウミシダ（*O. japonicus*）はレクチンを持っており、そのレクチン(OJL)は複数のレクチンからなっている。これからは、OJL の機能や性質について研究したい。OJL は免疫機能など、ウミシダが生きるための機能を持っているだろう。また、性質としては、特異的に結合する糖や、熱・pH の影響を調べていきたい。

図３　研究成果のポスター（日本語版）

環境・化学分野

燃料電池カートの製作
～燃料電池、車体、水素の自作～

藤田 駿さん
（2期生　首都大学東京 都市教養学部 機械工学コース在学中）――共同研究者　新宿健さん　原島裕志さん

高校の3年間、燃料電池車の研究を続けた

藤田さんがＳＬⅡのテーマに選んだのは燃料電池車。実際、彼の研究はＳＬⅡにとどまらず、1年生のときにスタートして3年生の夏まで続いた。もともと乗りものが好きで、モノ作りが好き。そんな藤田さんが燃料電池車に興味を持ったのは、1年生のＳＬⅠがきっかけだった。

「日産自動車の人に燃料電池車の話を聞いて、すぐに自分もやってみたいと思ったんです。部活が理科調査研究部で自由に研究させてもらえる環境だったので、先生に相談して燃料電池研究の下準備を始めました。うちの高校には、すごい人がたくさんいます。ロボットコンテストで全国レベルの人、生物オリンピックで入賞した人。すごいと思う反面、自分には何もないことが悔しかった。そういう『何か』がほしかったのかもしれません」

1年生のときは燃料電池についてウェブで調べ、自分なりにまとめていった。その後、2年生のＳＬⅡでは環境・化学分野の燃料電池車講座を希望し、念願かなってメンバーになる。

「無事に入ることができ、4人（ただし後にひとり抜けたため、3人に）のチームで研究を始めました。4月に集まったとき、図面まで引いていたのは僕だけだったのでリーダーになりましたが、ほかの3人もやる気のある人ばかりで、結局3年生の最後の発表会まで一緒に研究を続けてくれたんです」

燃料電池自動車は、次世代のエコカーのひとつ。水素と酸素を燃料にして走り、排出するものは水蒸気だけ。環境に負荷をかけない車として、近年大きな注目を集めている。

藤田さんたちは、小型燃料電池を搭載した高齢者用の電動カートができないかと考えた。具体的な目標は、①高効率な燃料電池を製作し、少ない燃料で走るようにすること。②燃料電池のエネルギー源である水素を、環境に負荷をかけない方法で生成すること。③車体を軽量化し、走行に必要な燃料を減らすこと。藤田さんは、①と③を担当した。

高効率な燃料電池と、車体の軽量化

燃料電池とは、水素と酸素の化学反応から電気エネルギーを取り出す発電装置。今回藤田さんが作った燃料電池は、小学校の実験で行うような水を扱うものではなく、膜／電極接合体（MEA：Membrane Electrode Assembly、電極と固体高分子膜を貼り合わせたもの）を利用した（図1・2）。

燃料電池の中央部分にこの「MEA」があり、そのほかに気密性を高める「シリコンシート」、ガス（水素・酸素）を透過し、発生した電力を外に出す「集電板」、ガスの流路を確保する「合成ゴム板」、外側から締めつけて固定する「アクリル板」など、様々な材料を使っている。集電板の材質は様々な実験をした上で（図3）、発電量が高かった「ステンレスパンチングメタルの表面に金箔を加熱接着させたもの」を選んだ。

「1個目の燃料電池ができあがったのは、5月中旬でした。初めて電流計が振れたときは、とてもうれしかった。ただし、発電量はとても小さなものでした。ここから試行錯誤が続いて、ひとつの模型カートを動かすことができたのは、夏休みの終わりごろです」

そこにたどり着くまでには、様々なトラブルに見舞われた。大きな問題は「ガス漏れ」だった。燃料電池は水素ガスを入れて発電するが、作り方と精度が悪く、せっかく入れてもガスが漏れていた。バケツに燃料電池を入れて水素を注入してみたら、すき間からブクブクと泡が出てきて、ようやくガス漏れに気づいた。

「そんなとき、玉川大学の小原宏之先生にアドバイスをいただき、ガス漏れが起きないようなシートをもらいました。市販されているものですが、それを組み込んだらガス漏れがなくなったんです」

カートの車体は、軽量化が大きな目標だった。軽くて頑丈なハニカムサンドイッチパネル（写真1）を採用した。パネル内部は蜂の巣状で厚みのあるサンドイッチ構造を有しており、カッターでも容易に加工できる。ハニカムサンドイッチパネルの両面には、ボーイング787にも使われているCFRP（カーボンファイバー）を樹脂で固めて接着した。これは東京大学の鵜沢潔先生に提供してもらったものだが、基本的に材料は

図1　燃料電池の略図

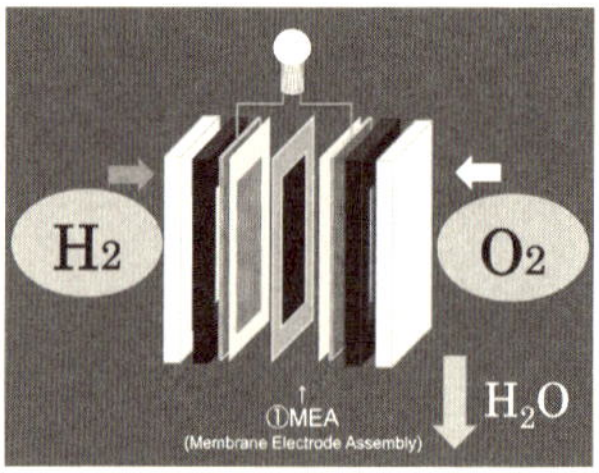

図2　自作燃料電池の構造図

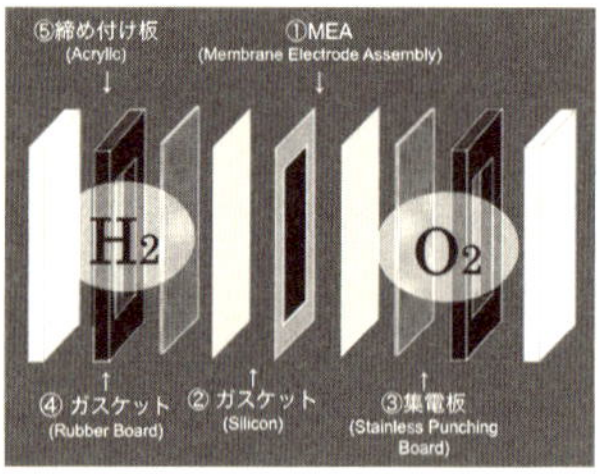

すべて市販のものを使っている。
「手に入りやすいもので作るというのは大事なこと。燃料電池車が市販の部品で作れることがわかったのは、高校生ならではの実験成果だと思います。ただ、うまくいくまでには相当時間がかかりました」

ＳＬⅡの成果を個々に発表したあとも、藤田さんをリーダーとしたチームの士気は衰えなかった。その後もさらなる「ボディーの軽量化」「燃料電池の高効率化」「環境に負荷をかけない方法による水素の生成」を目指すことを決意。「燃料電池カート製作プロジェクト」と称し、３年生の４月に再び研究をスタートする。

「役割分担をしながら、さらによいものを目指して試行錯誤を続けました。水を利用して水素を注入していたのをやめ、水素スプレーで注入したら、発電量が急激に下がってしまったこともあります。なぜだろうと追究していくうち、膜／電極接合体の仕組みなど、わかっていなかったことがわかっていきました。表１に示したカートの力学的性能から計算したところ、16個の燃料電池を組み込めば、人ひとりを運ぶことができると推測しました。ＳＬⅡの発表では、０・４キログラムのカートをやっと動かせるレベルでしたが、１年後の発表会ではこれに加えて５・９９キログラムの錘を運ぶことができるくらいまで成長しました（写真２・表１）」

写真１　蜂の巣状になっている
ハニカムサンドイッチパネル内部

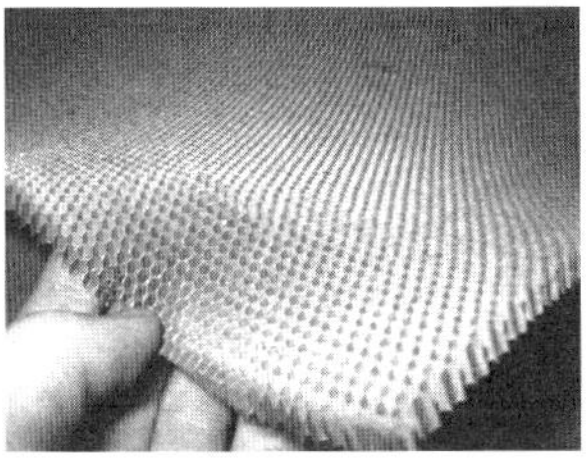

図３　異なる集電板における
発電量の違い

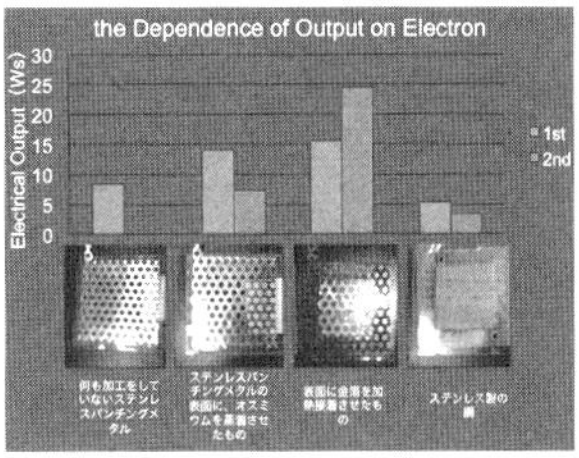

考察と感想

「自作燃料電池を搭載したスケールモデルの製作に成功したのは、とてもうれしいことでした。人が本当に乗れるカートまではできませんでしたが、仲間と切磋琢磨し合いながら研究を進められた。好きな分野であれば、自分はいくらでも研究を続けられることもわかりました。

将来的に高校生が本物のカートを製作できるようになったら、社会は変わるかもしれません。おじいさん、おばあさんのために、孫がカートを作るような時代になるといい。そうすれば、今まで技術者しかタッチできず、複雑で難解に思われていた世界が、一般の人にもぐっと身近になると思います。

高校時代の3年間は、燃料電池のことをやりきったという気持ちです。モノ作りが好きなので、将来的には機械を作ることを通じて問題解決ができるようなエンジニアを思い描いています。将来を具体的に考えられるようになったのは、サイエンスリテラシーの授業のおかげです。普通の授業では考えられないほどたくさんのほんもの体験をさせてもらって、本当に楽しい3年間でした」

表1　実験値

m_f	自作燃料電池の質量	0.387kg
m_c	追加セルひとつあたりの質量	0.111kg
m_b	自作カート本体の質量	0.400kg
m_t	実験で運搬した錘の最大質量	5.99kg

写真2　カートのスケールモデル

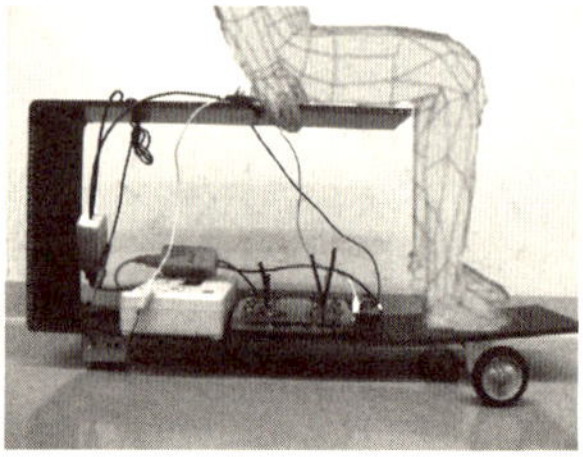

SFH Production of a Fuel Cell Cart

■ Handmade Fuel Cell, Body and Hydrogen ■

Yokohama Science Frontier High School
Shun Fujita, Ken Shinjuku and Yuji Harashima

Abstract

The time will come soon when everyone can make the fuel cell cart. This is what we want to say through this research. Our goal is to make **an eco-friendly fuel cell cart for elderly people from commercially available materials**. As a result, in speculation, 16 handmade cells are required to move a real cart and its energy source -hydrogen may be generated by the combination of TiO_2 and Indian ink.

Introduction

Fuel Cell Vehicle
Air pollution caused by gasoline car
Perfect for running in the town

+

Location of Our School
Many elderly people live around our school

Purpose

Making an eco-friendly fuel cell cart for elderly people

3 researches have done.
Please view each poster.

Fuel Cell | **Cart Body** | **Generating H_2**

Results

Performance

Weight : **0.787** [Kg] (0.387Kg of single cell + 0.400Kg of the body)
Load : **5.99** [Kg]

Body made of **FRP** Honeycomb core board

Hydrogen generated with **sunlight & water**

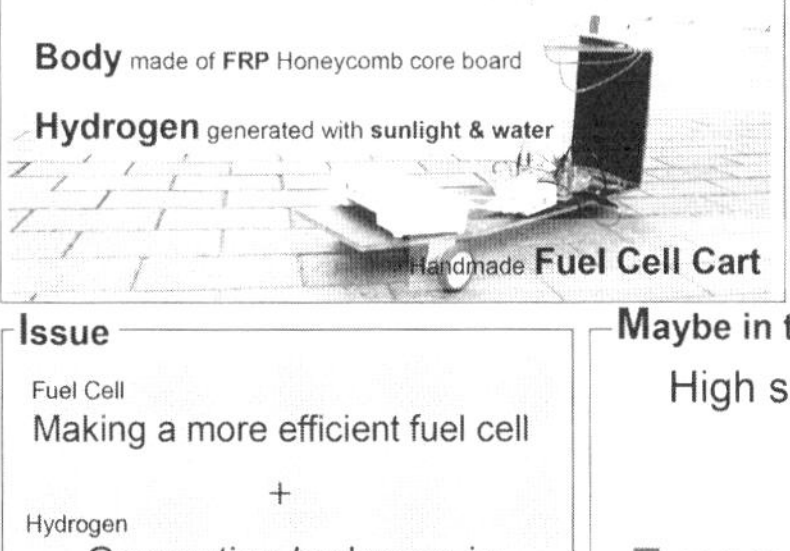

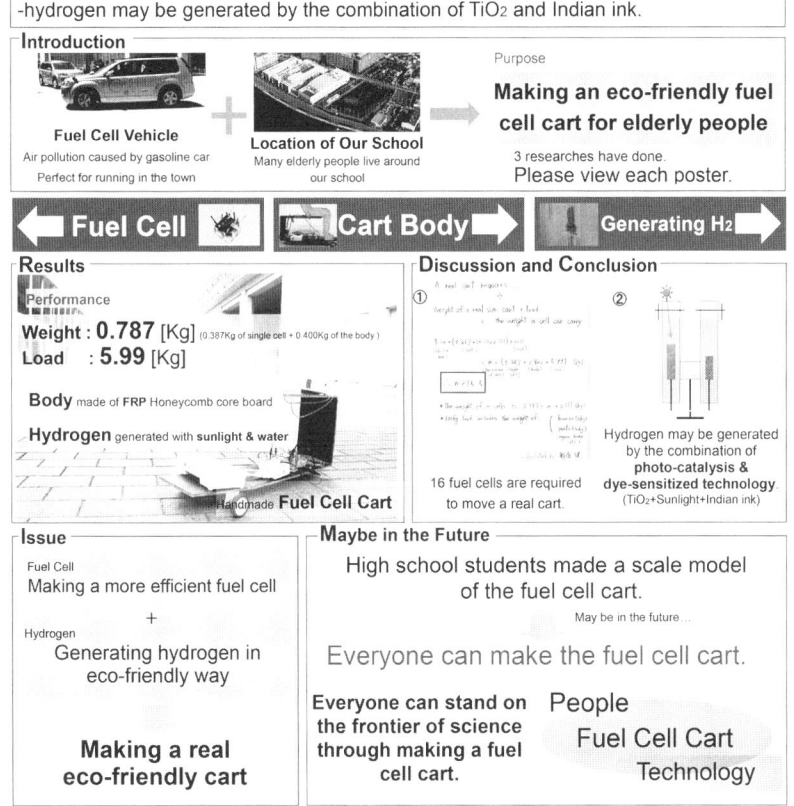

Handmade **Fuel Cell Cart**

Discussion and Conclusion

①

16 fuel cells are required to move a real cart.

②

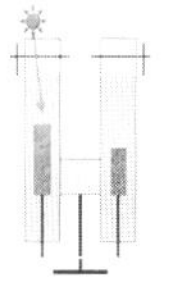

Hydrogen may be generated by the combination of **photo-catalysis & dye-sensitized technology**.
(TiO_2+Sunlight+Indian ink)

Issue

Fuel Cell
Making a more efficient fuel cell

+

Hydrogen
Generating hydrogen in eco-friendly way

Making a real eco-friendly cart

Maybe in the Future

High school students made a scale model of the fuel cell cart.

May be in the future…

Everyone can make the fuel cell cart.

Everyone can stand on the frontier of science through making a fuel cell cart.

People
Fuel Cell Cart
Technology

The time will come soon when everyone can make the fuel cell cart.

図4　研究成果のポスター（英語版）

生命科学分野

動物細胞培養における血清の影響～成長因子の特定～

松阪亮介さん
（1期生　東京医科歯科大学医学部在学中）

動物細胞を培養する牛の血清に着目

　生命科学や医療の分野では、動物細胞の培養が研究の基盤となる。その培養のための成長成分として培地に添加されて用いられているのが、ウシ胎仔血清（ＦＢＳ）だ。松阪さんは、このＦＢＳを研究テーマに選んだ。

「牛の血清は生物由来で個体差があるのですが、その品質が実験に影響を与えるため、ロットチェックが行われています。いずれはＦＢＳに含まれている成分を人工的に合成できるとよいのですが、その第一歩の研究として、ＦＢＳの増殖機能と酵素機能には、どれほどの差があるかを調べてみました。

　このテーマを選んだのは、たくさんあった講座の中でも、いちばん医学に近いなと思ったからです。もともと生物に興味があって、中学の終わりごろからは医者になりたいと考えていました。ＦＢＳや動物細胞の培養は、今までの自分の興味の範囲を超えて新鮮でした。そして、この高校でしかできないことをやりたいと思いました」

この研究はグループで行ったが、高校生にとってはかなり高度な内容だ。最初はメンバーと共に、研究のための技術と知識を学ぶことから始まった。

「動物細胞の育て方や知識を教わるのに、長い時間をかけました。結局、本格的な実験を始めたのは夏休みに入ってから。分子生物学などを学んでいないため、もどかしさも感じましたが、先生やＴＡの大学院生につきっきりで教えてもらいながら進めていきました」

ＮＩＨ３Ｔ３とCaco-2で実験

動物細胞の培養は、シャーレにＦＢＳを加えたＤＭＥＭ培地と動物細胞を入れる。二酸化炭素濃度を５％に設定し、37℃で培養する。

松阪さんのグループが行った実験は、大きく分けてふたつ。

ひとつめは、ＮＩＨ３Ｔ３（マウス繊維芽細胞培養細胞株）に、11種類の異なるロットのＦＢＳと抗生物質を入れ、３日後の細胞数を比較した（図１）。

「11種類の培地に、それぞれ３枚ずつ、同じだけの量のＮＩＨ３Ｔ３を蒔いて培養しました。３日後、成長に差があるかを見ます。線が入った顕微鏡のプレパラートで数えるのですが、意外と大きな差が出ました」

図１　NIH3T3の細胞数比較

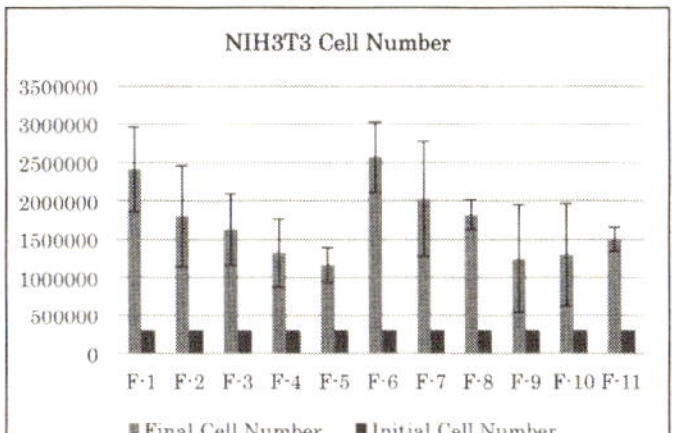

図２　Caco-2の酵素活性

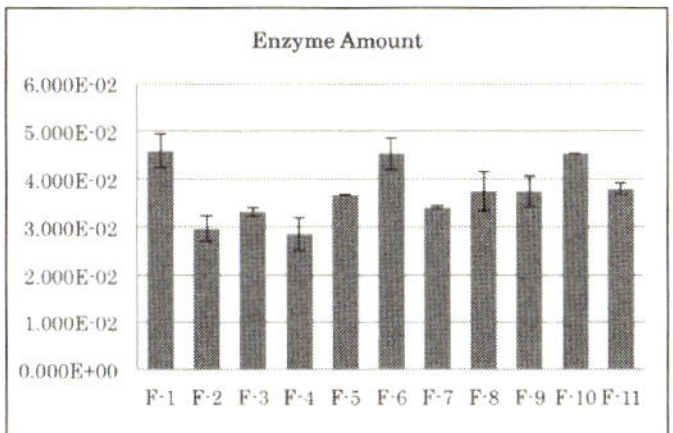

もうひとつの実験では、Ｃａｃｏ－２（結腸ガン培養細胞株）を、11種類のＦＢＳを加えて培養し、3日後にアルカリフォスファターゼ酵素活性を比較した（図２）。

ひとつめの実験は細胞数を数えればよかったが、酵素活性を調べるのは簡単ではない。アルカリフォスファターゼは、ｐ－ニトロフェニルリン酸を分解するとｐ－ニトロフェノールに変化させ、黄色に変える性質を持つ（図３）。それを生かして、吸光光度計で測定し、酵素の活性を見ていった。

「どちらの実験でも、同じようにばらつきが見られました。ＦＢＳは個体によって違う。細胞が成長するＦＢＳを使わないと、実験の効率にも悪影響があるのではないか、というのが僕らの結論でした」

電気泳動と液体クロマトグラフィーで成分を調べる

松阪さんたちのチームは8人いたが、みんなＳＬⅡが終わっても、そこで研究をあきらめたくないと思っていた。そのため、3年生になってからも、放課後や休日を利用し、さらなる研究を続けた。

次に行ったのは、ＦＢＳの成分解析だ。11種類のＦＢＳを、電気泳動の機械にかけた（図４）。

図３　p−ニトロフェニルリン酸と p−ニトロフェノールの分子構造

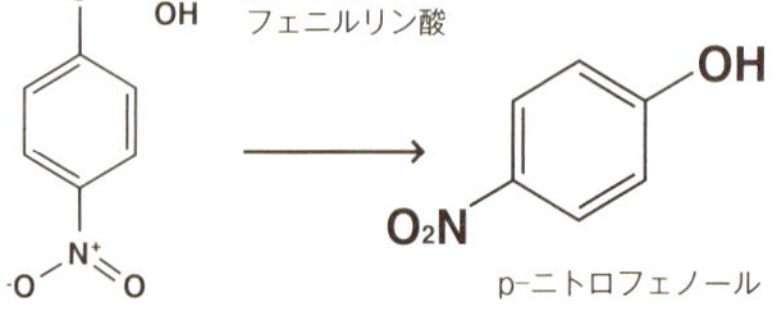

図４　11種類のFBSの電気泳動

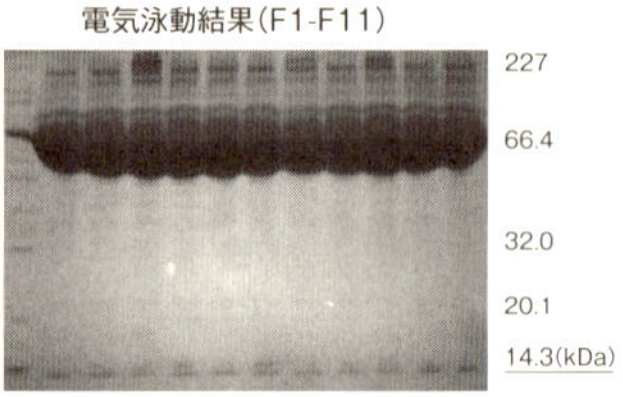

「電気を通すと、ゲル上で分子が小さいものはすぐに通り、大きなものは通らず止まります。分子の大きさによってバンド状に分類できるのですが、あまり大きな差は見出せませんでした。もっと細かく分析をしなければならないと思い、すべてのＦＢＳに含まれていたペプチドに注目し、ＬＣ-ＭＳＭＳとＯＰＡ法による分析を行いました」

ＬＣ-ＭＳＭＳは、液体クロマトグラフィーを使ってＦＢＳの成分の濃度を調べる方法。ＯＰＡ法は、蛍光誘導体化試薬を使った分析法だ。結果は、最初の実験で行ったＮＩＨ３Ｔ３の細胞培養の数との相関関係が推測できるものだった。ペプチドがＦＢＳの細胞成長因子の可能性を持つことが、結論づけられた（図5、6）。

考察と感想

「実験は何もかも初めてで、壁が山ほどありました。大変だったのは、動物細胞を増殖させるときに雑菌が入って、違う菌がはびこってしまったこと。最初のころの実験は、やり直しばかり。やっていくうちに失敗は減っていきましたが、ずいぶん無駄なことをしてしまいました。

それに、僕たちの生物の知識が少なすぎました。結論を導くのにも、先生に話を聞きながらだったので、とてももどかしかった。生化学や分

図5　LC-MSMSによって得られた結果

			ピーク強度										
RT(min)	MW	配列	F1	F2	F3	F4	F5	F6	F7	F8	F9	F10	F11
2.7	364.1		0	0	2.05E+08	0	0	0	1.38E+08	0	1.32E+08	0	0
6.3	253.2		0	0	1.40E+08	0	0	0	9.54E+07	0	7.70E+07	0	0
7.4	382.2		0	0	3.02E+08	0	0	0	2.24E+08	0	2.22E+08	0	0
7.9	294.1		0	0	1.62E+08	0	0	0	3.49E+07	0	3.22E+07	0	0
12.3	1309.5	TDYDEGQDDRP[*1]	0	6.45E+05	0	0	0	2.60E+05	0	3.26E+05	0	0	0
15.5	557.3		0	0	1.19E+08	0	0	0	3.62E+07	0	4.47E+07	0	0
18.3	1834.9	TDYDEGQDDRPKVGLGA[*1]	0	9.28E+06	0	4.24E+06	0	6.68E+06	4.99E+06	8.10E+06	3.54E+06	0	0
18.5	1914.8		6.03E+08	2.84E+08	2.02E+08	1.83E+08	1.28E+08	3.18E+08	3.70E+08	3.34E+08	1.78E+08	4.78E+08	4.40E+08
27.5	1734.8	EDGSDPPSGDFLTEGGGV[*2]	6.14E+08	5.57E+08	3.59E+08	4.58E+08	4.91E+08	4.47E+08	5.10E+08	5.22E+08	4.35E+08	4.26E+08	4.83E+08
28.2	1605.7	DGSDPPSGDFLTEGGGV[*2]	1.11E+08	7.93E+07	4.29E+07	1.26E+08	8.34E+07	1.37E+08	3.21E+07	1.05E+08	6.50E+07	1.21E+08	1.45E+08
35.2	2523.3		1.25E+08	5.71E+08	2.11E+08	3.37E+08	4.70E+08	4.79E+08	4.57E+08	5.25E+08	3.47E+08	3.44E+08	3.25E+08

子生物学など、もっともっと勉強して知識を得たいという気持ちになりました。

そんな中でも、グループで研究を進めてきて、ＦＢＳの個体差によって細胞数や酵素活性が変化すること、ペプチドが細胞成長のカギを握っているのではないかという結論が出せたことはよかったと思います。

実験は、これ以上の環境は考えられないほど、とても楽しいものでした。楽しかったからみんなで３年生になっても続けられたし、グループみんなで話し合ううちに見えてきたこともありました。３年生の夏には、〝高校生バイオサミット.in鶴岡〟で発表することもできました。受験勉強には直接役立たなかったかもしれませんが、医学部に入ったので、この経験は必ず役立つと思っています」

図６　ペプチドとNIH3T3細胞数の相関関係

	F1,F2,F3,F4,F5,F6,F7,F8,F9,F10,F11		F1,F2,F3,F4,F5,F6,F7,F8,F9,F11		F1,F2,F3,F4,F5,F7,F8,F9,F11		F1,F2,F3,F4,F5,F7,F8,F9	
	C.N	E.A	C.N	E.A	C.N	E.A	C.N	E.A
MW=1914.8	25.94%	41.09%	47.12%	33.3%	70.19%	43.67%	91.08%	42.4%
MW=1605.7	1.02%	18.6%	3.21%	14.3%	0.80%	4.51%	-	2.06%

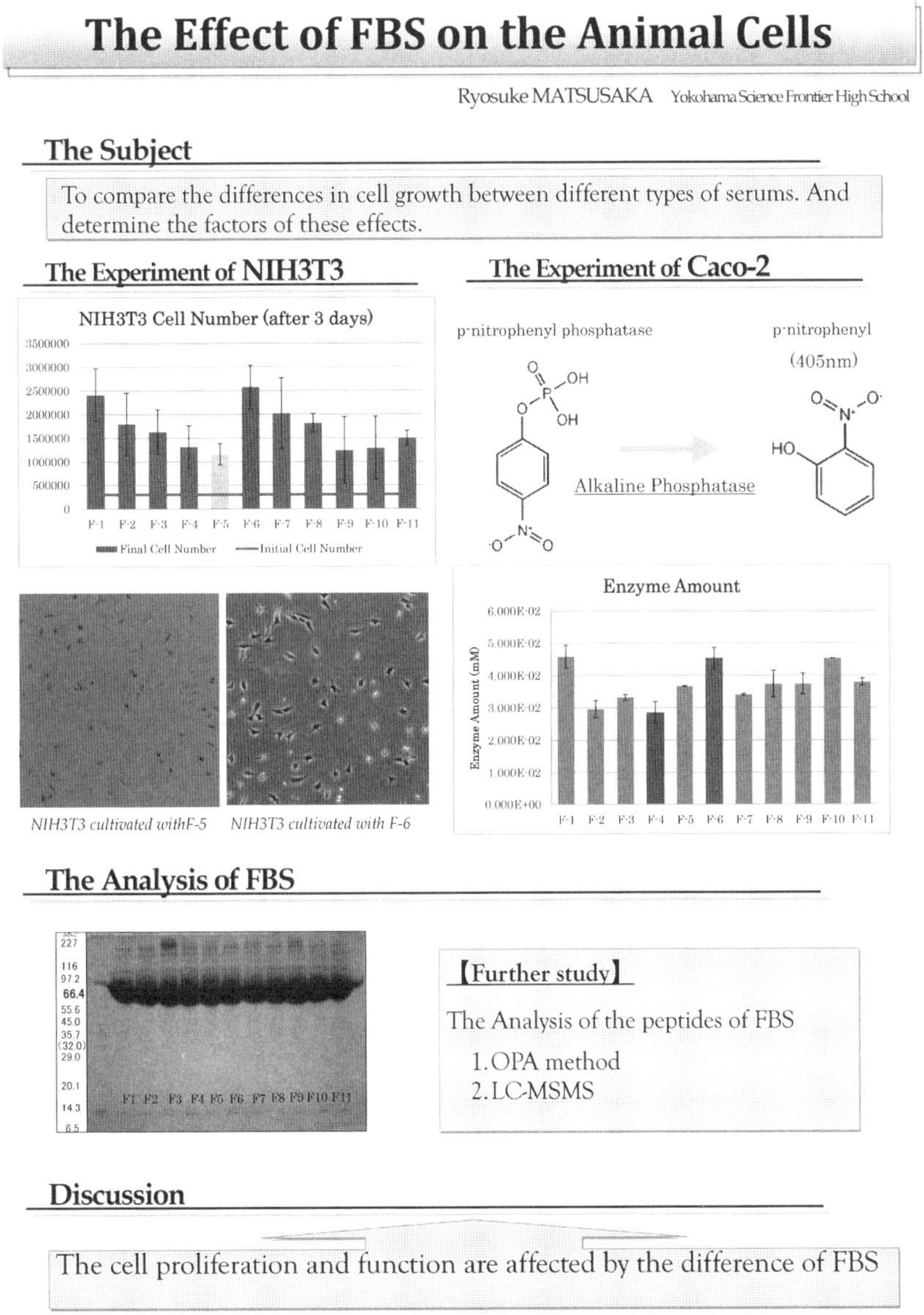

図7　研究成果のポスター（英語版）

ナノテク材料・物理分野

C_{60}ナノウィスカーにおける加熱温度に対する影響の観察

石山 歩さん

（1期生　横浜市立大学 国際総合科学部 理学系 生命医科学コース在学中）

初めて知るC_{60}ナノウィスカー

C_{60}とは、60個の炭素原子からなる「フラーレン」のこと（図1）。フラーレンとは、炭素だけで構成される同素体で（52ページ参照）、サッカーボールのような球型構造を持つ物質だ。

石山さんが研究テーマに選んだ「C_{60}ナノウィスカー」は、フラーレン分子の中でも、C_{60}が原材料となっている細いひげ状の結晶。直径500ナノメートル以下、長さ100マイクロメートル以上と、細く長く成長するもので、新たなナノテク材料として期待されている。

「初めて名前を聞くこの物質が、なんだか面白そうだなというのが最初の印象でした。その後、先生から『将来性がある物質だ』と聞いたことにも興味をひかれました。私は家族からもよく言われるのですが、変わったものを選ぶのが好きなんです。聞きなれない、自分にとっては目新しい物質について、もっと知りたいと思いました」

C_{60}ナノウィスカーには、いくつかの特徴がある。たとえば、21℃以下で保存すると細長く成長すること。光の強度によって成長が促進されること。また、溶液の中ではしなやかで強度があるが、空気中ではもろいこと。時間を経ると空気中でも折れずに弾性を保つこと、などだ。

　中でも石山さんが気になったのは、600℃で加熱すると中が空洞になるという特質だった。形が変化するということは、少しずつ温度を上げていけば、変化の経緯が見られるかもしれない。そこで、石山さんは「加熱することによって、C_{60}ナノウィスカーがどのような変化を起こすのか」その過程を観察することにした。

フラーレンを加熱する

　C_{60}は、トルエンには溶けるが2-プロパノールには溶けない。この性質を利用して、まずはC_{60}ナノウィスカーの作成を行った。作り方は次の通り。

　C_{60}（フラーレン）の粉を乳鉢ですりつぶし、ビーカーに入れてトルエンを加える。それを超音波洗浄機に60分かけて濾過する。さらにこの溶液をビンに移し、上から2-プロパノールを加える。すると、溶解できなくなったC_{60}の分子が再結晶し、数日たつとビンの底に沈殿する。この結晶がC_{60}ナノウィスカーだ。

図1　ナノテク素材　C_{60}フラーレンとは？

◎1985年Kroto、Smalley、Curlらの米英混成チームによって発見（1996年ノーベル化学賞）
◎炭素原子60個　サッカーボール状
◎12個の５員環と10個の６員環を構成
◎人体への悪影響がない
◎すでに商品化されているもの
　スポーツ関連用品、化粧品、潤滑油など
◎研究開発されているもの
　有機薄膜太陽光電池、金属内包フラーレン、フラーレン誘導体など

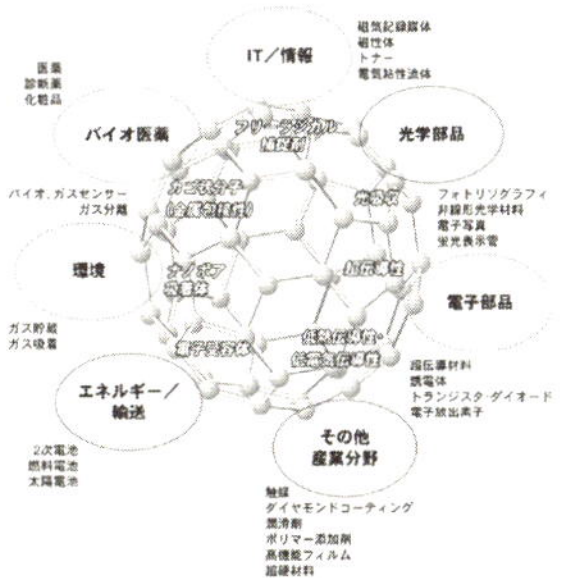

（出典：http://www.f-carbon.com/special_app.html）

「ここまでは、１年のときのＳＬＩの実験で作った経験がありました。でも、ここから先は、ひとりで進む未知の世界。先生に教えていただきながら、できあがったC_{60}ナノウィスカーを、真空にして熱する機械にかけました（図２）」

利用したのは、ＣＶＤ（化学蒸着）式ＳＷＣＮＴ（単層カーボンナノチューブ）製造機。真空ポンプで真空にし、加熱温度を設定して、１００℃、２００℃、３００℃と、徐々に温度を上げていき、７００℃まで加熱して、その様子を光学顕微鏡で観察した。

「４００℃くらいまでは変化がなかったのですが、５００℃になるとC_{60}ナノウィスカーの色が茶色から薄い黄色に変わりました。さらに６００℃にすると急激に細くなり、見た目にも蒸発してしまったのではないかと感じました」

次にC_{60}ナノウィスカーの性質の違いを見るため、ラマン分光スペクトルフォトメーターという機械にかけ、スペクトル（周波数の分布）を計ってみた。

加熱していないC_{60}のラマン分光スペクトルは、ラマンシフト（cm^{-1}）が５００と１５００の直前にピークが現れる。５００℃のときはそれと同じピークが見られたが、６００℃になるとこれらのピークは消え、１３００と１６００付近にゆるやかなピークが現れていた（図３）。

図２　実験方法

- 石英管真空加熱装置を使用
- ナノウィスカーをSi基板の上に載せた
- 石英管内を真空ポンプで真空にした
- 石英管内にArを0.5mℓ/min流した
- 加熱温度を設定し、その温度に達してから10分間加熱した

図３　ラマンスペクトルの比較

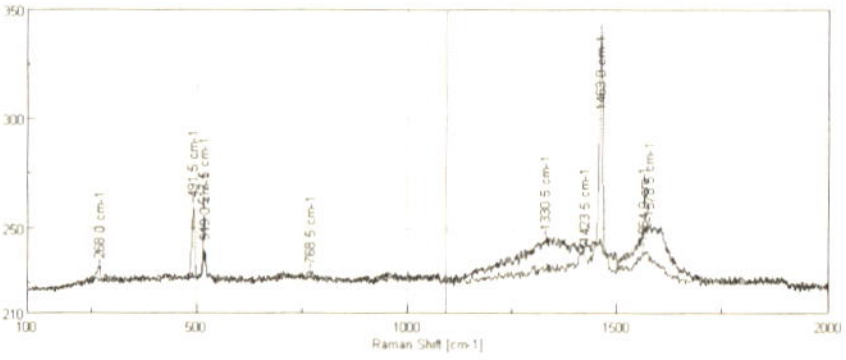

500℃加熱と600℃加熱したC_{60}NWのラマン分光スペクトル

「６００℃に加熱すると、見た目も性質も変わることがわかりました。横浜市立大学の橘勝先生の論文には、『６００℃でアモルファス化する』と書いてあります。普通の結晶は規則的に並びますが、ガラスのように不規則になると言うのです。それから『文献にある通り、本当に穴があいたのだろうか？』とＳＥＭ（走査型電子顕微鏡）で見てみました」

５００℃まで加熱したC_{60}ナノウィスカーは、細長い形状は保っているものの、表面がボロボロになっており、６００℃のほうでは中が空洞になっていることが確認できた。

「本当に穴があいている！　と思いました。ただ、本来は６００℃からアモルファス化するはずですが、５００℃の段階ですでにその兆候が見られました。これは、実験装置の真空度の問題や、性能の影響が出た可能性があります」

考察と感想

「テーマを決めるまでは少し時間がかかりましたが、そこから先はとても楽しく進められました。機械をひとりでさわるのも初めてのことでしたが、説明書を読み、先生に教わったあとは、自分でイラストを描きながら覚え、毎回がワクワクする作業でした。

実験は、C_{60}ナノウィスカーを真空状態にして温度をかけ、ラマン分光器にかけて見る、という作業の繰り返しです。１回の実験では信頼性が低いため、加熱はそれぞれの温度で3回以上行いました。

加熱することによってボロボロになり、穴があいていることを発見したときは、先生と一緒に『おおっ！』と、思わず声を上げて喜び合ったことを覚えています。

私は子どものころから難病に指定された持病を持っていて、薬があまりありません。C_{60}ナノウィスカーを研究テーマに選んだのは、医療でも応用できる物質だと聞いたことも大きかったです。将来自分がどんな仕事に就くかはわかりませんが、薬がなくて苦労している人のために、薬や治療法を開発することができたら……と思っています」

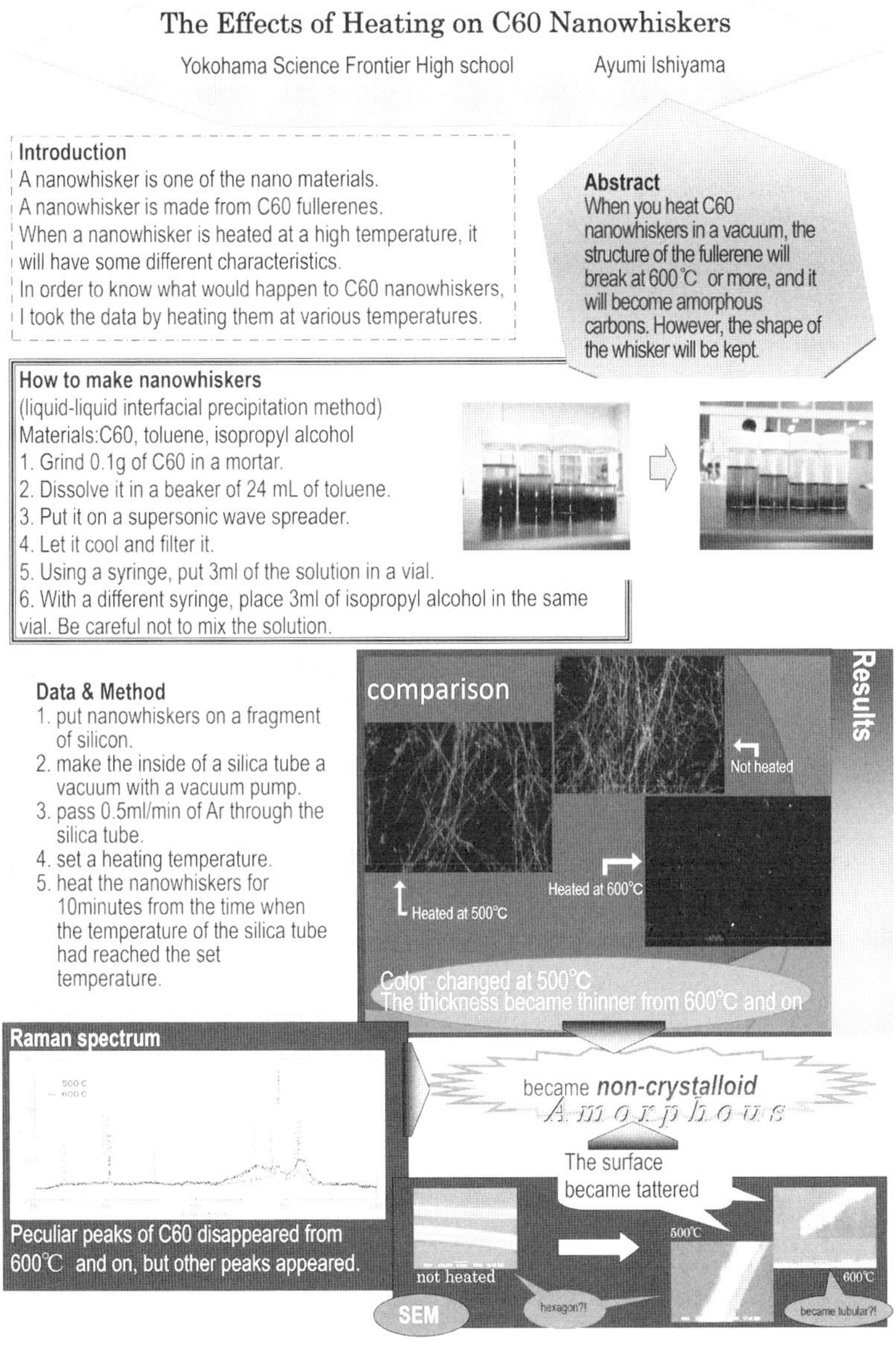
The Effects of Heating on C60 Nanowhiskers
Yokohama Science Frontier High school
Ayumi Ishiyama
Introduction
A nanowhisker is one of the nano materials.
A nanowhisker is made from C60 fullerenes.
When a nanowhisker is heated at a high temperature, it will have some different characteristics.
In order to know what would happen to C60 nanowhiskers, I took the data by heating them at various temperatures.
Abstract
When you heat C60 nanowhiskers in a vacuum, the structure of the fullerene will break at 600℃ or more, and it will become amorphous carbons. However, the shape of the whisker will be kept.
How to make nanowhiskers
(liquid-liquid interfacial precipitation method)
Materials:C60, toluene, isopropyl alcohol
1. Grind 0.1g of C60 in a mortar.
2. Dissolve it in a beaker of 24 mL of toluene.
3. Put it on a supersonic wave spreader.
4. Let it cool and filter it.
5. Using a syringe, put 3ml of the solution in a vial.
6. With a different syringe, place 3ml of isopropyl alcohol in the same vial. Be careful not to mix the solution.
Data & Method
1. put nanowhiskers on a fragment of silicon.
2. make the inside of a silica tube a vacuum with a vacuum pump.
3. pass 0.5ml/min of Ar through the silica tube.
4. set a heating temperature.
5. heat the nanowhiskers for 10minutes from the time when the temperature of the silica tube had reached the set temperature.
Results
comparison
Not heated
Heated at 500℃
Heated at 600℃
Color changed at 500℃
The thickness became thinner from 600℃ and on
Raman spectrum
500 C
600 C
Peculiar peaks of C60 disappeared from 600℃ and on, but other peaks appeared.
became non-crystalloid
Amorphous
The surface became tattered
not heated
500℃
600℃
SEM
hexagon?!
became tubular?!

図4　研究成果のポスター（英語版）

情報通信・数理分野

LEGOを用いたロボットの制御 ～ボールを運ぶプログラム～

北村瑠里さん
（1期生　横浜市立大学 国際総合科学部 理学系 物質科学コース在学中）

物を運ぶロボットが作りたい

北村さんが選んだテーマはレゴロボット。

「ロボットが好きで夢を感じたこと。単純に面白そうだと思ったのが、選んだ理由です」

この研究には、レゴ社がＭＩＴ（マサチューセッツ工科大学）と共同開発したロボットキット「LEGO MINDSTORMS」を使用した。レゴブロックのパーツと共にＮＸＴと呼ばれるマイクロプロセッサーが組み込まれた、科学教育を目的とした商品だ。超音波センサー、タッチセンサーなどのセンサーとモーターを利用し、自分でプログラミングを行うことで、前後左右に進んだり、モノをつかんだり離したり、上げたり下ろしたりの動作ができるようになる。

北村さんの研究は、このキットを使ってどのような機能を持つロボットを作るか、考案するところから始まった。

「ロボットと聞いてパッと頭に思い浮かぶのは、人間の手助けをしてくれるということ。将来、家庭の中でロボットと一緒に暮らすことをイメージし、荷物を運んでくれるロボットがいいなと思いました。そこで、ＵＦＯキャッチャーみたいにボールを運ぶプログラムを思いついたんです」

とはいえ、彼女はコンピューターでプログラミングを行った経験がなかった。同じ講座の仲間は男子が３人、いずれもプログラミングの知識を持つ人ばかりだ。

「まったく知識がないのは私だけでした。何から何までわからないことだらけ。先生やよくわかっている仲間に何度も聞きながら、製作を進めていきました」

ロボットを組み立て、プログラミングを行う

ロボットキットは、ひとつの完成形を目指すプラモデルとは違う。どのような機能を持ったロボットを作りたいかで、完成の形はまったく変わってくる。

北村さんが課題にしたのは「赤いボールを色で認識し、つかんで持ってくる」という動き。この動作を行うロボットを、自分で考え、組み立てていかなければならない。また、ロボット製作にあたっては、いくつかの条件を出されていた。

①目の前のボールを持ち上げ、ロボットの上（本体）に載せること。
②ロボットが、物を自分の上に載せたと認識していること。
③使用できるＮＸＴはひとつ。
④ボールがロボット上で安定していること。

これらの条件を満たすべく、北村さんのロボット製作が始まった。

「組み立ては、見本を見ながらなんとか形にしました。ただし、あまり安定性がありませんでした。もっとよい形があったと思いますが、動かすことのほうが難しくて、形まで改良できなかったんです」

プログラミングは、レゴロボット用ソフトをパソコンにインストールして利用した。動きを司《つかさど》るのは、３つのモーターとふたつのタッチセンサーだ。左右の動きを行うモーターA、縦の動きを行うモーターB、ボールをつかむ爪を動かすモーターC。そして、ロボットの前方に取り付けたタッチセンサーと、後方に取り付けたタッチセンサー。これらの動きのひとつひとつを、プログラミングしていった（図１・２）。

「図２のように、爪を開いて、爪を下ろして、反応したら止めて……と、細かく入力していきました。プログラミング自体は、パソコン画面上で絵を動かしていくので難しくはないんです。しかし、ボールをつかむというたったひとつの動作でも、たくさんのプログラミングをしなければならないことに驚きました」

ボールをつかむための爪を開く動作も、無限にモーターを回し続けたら壊れてしまう。そのため、一定の角度になったら止まるよう設定していった。

図１　プログラミングの構造

図２　実際のプログラミング

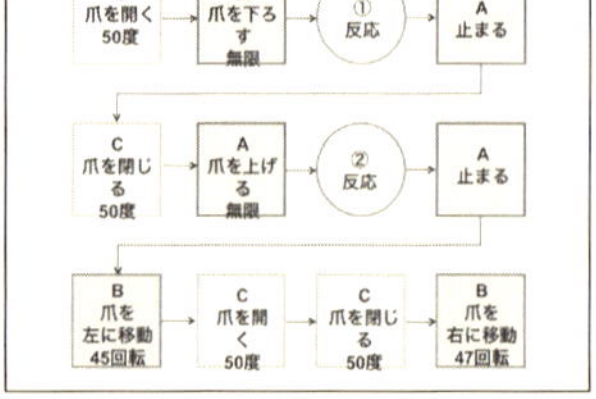

「困ったのは、なかなか思い通りに動いてくれなかったこと。爪を50度開くとか、何度動いたらタイヤが止まるとか、プログラミングしても反応がないときは、試行錯誤を重ねました」

　タッチセンサーが反応しないときはセンサーの位置を動かし、反応しやすくするためセンサーの面積を広げた（写真1）。また、ボールを確実につかむようにするため、爪のつかむ動作を妨げない形にした（写真2）。そして、ボールを落とす動作は超音波センサーで制御するつもりだったが、構造的にセンサーが収まりきらず、モーターの回転数で制御した（写真3）。こうして時間の許す限り、工夫を重ねていった。

考察と感想

「最初の目標では、色センサーで赤いボールを発見し、それをつかんで持ってくる、というロボットを作りたかったのですが、結局私ができたのは、ボールをつかむ動作だけ。コントローラーを使って操作ができるようにしたかったのですが、時間が足りず、目標に到達できませんでした。それでも、最初から自分で考え、組み立て、プログラミングをして、ロボットを動かす作業はとても楽しいものでした。

　もし、このロボットが実用化されるとしたら、いろいろな場面で活用

写真1　工夫①

タッチセンサーの感度を上げるためにボールに当たる面積を増やした。

写真2　工夫②

ボールが安定し、爪のつかむ動作を妨げない最適な形状にした。

できることも実感しました。たとえば近い将来、高齢化に伴って老人の数がさらに増えてくるでしょう。そのとき、介護の現場などで大いに活躍できるはずです。物を判断し、持ってくるという単純な動作ですが、様々な場所で使うことができると思いました。

　このキットは、小学校でも導入しているところがあるくらいなので、それほど難しくはないと言われています。しかし、内容は使う人次第。ロボット製作にはセンスが必要だと感じました。

　私たちの講座には仲間が４人いたので、形も動きもまったく違う４つのロボットが完成しました。動きが速いロボット、目標物を攻撃するロボットなど、それぞれ個性的で、作り手のキャラクターに合ったものができあがった。面白いなあと思います。

　また、このレゴロボットキットで、ある大学生が『脳波を使って動かすロボット』を作っていることを知り、脳波にも興味を持ちました。『念じて動くロボット』ができたらすごいと思ったからです。その流れで、ＳＬⅢでは脳波の研究を行いました。まだまだ自分の知識と技量では、納得のいく結果は出せませんでしたが、ひとつの研究を通して、さらに自分の研究が広がっていったこともよい経験でした」

写真３　工夫③

ボールを落とす動作を超音波センサーで制御しようとしたが、台の下に収まらなかったので、モーターの回転数で制御した。

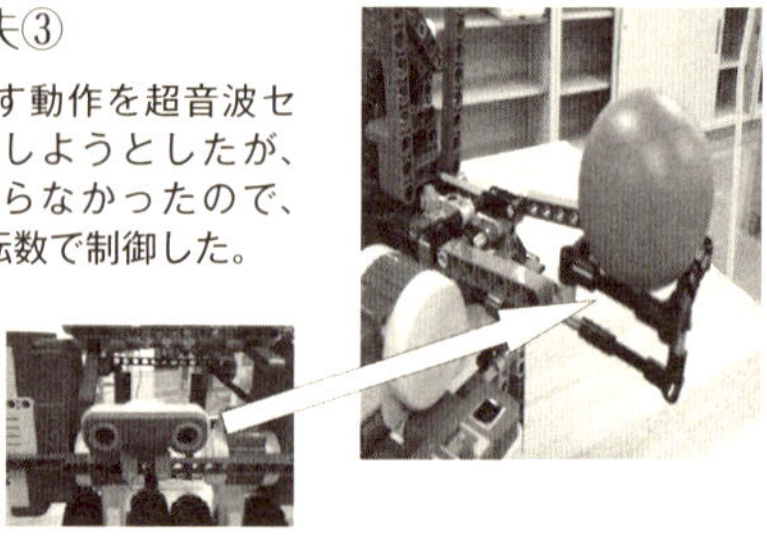

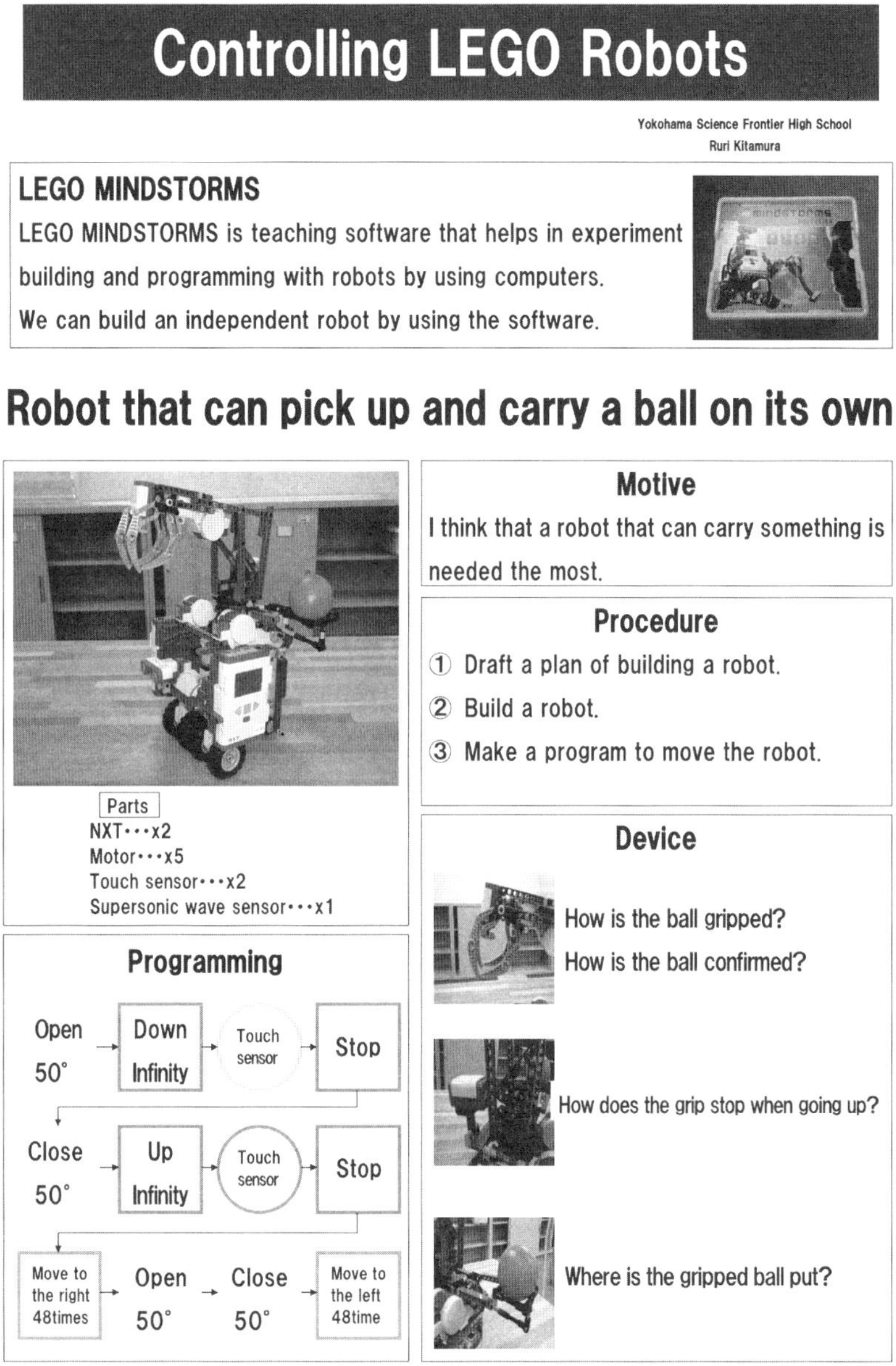
Controlling LEGO Robots
Yokohama Science Frontier High School
Ruri Kitamura
LEGO MINDSTORMS
LEGO MINDSTORMS is teaching software that helps in experiment building and programming with robots by using computers.
We can build an independent robot by using the software.
Robot that can pick up and carry a ball on its own
Parts
NXT・・・x2
Motor・・・x5
Touch sensor・・・x2
Supersonic wave sensor・・・x1
Motive
I think that a robot that can carry something is needed the most.
Procedure
① Draft a plan of building a robot.
② Build a robot.
③ Make a program to move the robot.
Programming
Open 50°
Down Infinity
Touch sensor
Stop
Close 50°
Up Infinity
Touch sensor
Stop
Move to the right 48times
Open 50°
Close 50°
Move to the left 48time
Device
How is the ball gripped?
How is the ball confirmed?
How does the grip stop when going up?
Where is the gripped ball put?

図３　研究成果のポスター（英語版）

地球科学分野

「地盤の固さ」と「震度」の関係 ～地震との向き合い方～

萩谷 嵐さん
（1期生　首都大学東京 都市環境学部 地理環境コース在学中）

震源に近いほど揺れは大きい？

日本人にとって地震は、とても身近な自然現象だ。今もみんながその脅威を感じながら暮らしている。緊急地震速報の普及や、耐震性の高い建物の増加によって、人々の不安は軽減されてはいるが、大地震はいつ、どこで起きるかわからない。地震について知ることは、日本に生きている以上、誰にとっても大きな課題と言えるだろう。

そこで萩谷さんが選んだのは、地震というテーマ。

「地震で気になるのは、震源地がどこかということ。僕たちには『震度は、地震の震源に近いほど大きくなる』という固定観念があるからです。しかし、本当にそうなのでしょうか。僕は地盤の固さが、震度の大きさを変える要因になっているのではないかと仮定し、それを確かめる研究を行いました」

日本中の地盤を観測することは難しいため、研究範囲は自分が暮らす横浜市内に絞った。横浜の地盤はどうなっていて、揺れやすさにはどの程度の地域差があるのだろう。

市内に設置された１５０箇所の観測点を対象に、研究がスタートした。

「揺れやすさ」と「地盤の固さ」の関係は

萩谷さんが地震について着目したのは、ふたつの要素だ。

ひとつは、揺れやすさ。

「たとえば、地震Aが起きたときの、横浜市内１５０箇所の観測地点で計測された震度を、すべて書き出します。そして、震度の平均値を出し、各観測点と平均値との差＝偏差を出していきました」（表1）

偏差の値は、観測点の揺れやすさを表す指標だ。観測点ａのように偏差の値が高ければ揺れやすい土地、ｂのようにマイナスの値になれば揺れにくい土地ということになる。ただし1回のデータだけでは、確証を得られない。そこで萩谷さんは、１９９８年～２０１０年に観測された35回の地震について、観測点すべての震度を調べ、偏差を出していった。これで各観測点の揺れやすさを、ほぼ正確に数値化することができた。

もうひとつの着目点は、地盤の固さである。

各観測地点ではボーリング調査が行われており、「N値」という地盤の固さを表すデータが発表されている。N値が大きければ地盤が固く、小さければ地盤が柔らかい。

表1　地震Aの場合

観測地点	震度	平均震度	偏差
a	2.50	2.20	0.30
b	1.97		-0.23
C	2.13		-0.07

さらに萩谷さんはN値を元にして、地震が起きたときの「avs20(km/s)」値を導き出すことにした。

avs20とは、地表から深さ20メートルまでのS波（地震波の一種）の平均速度のこと。N値が大きいとS波は速くなる（表2）。S波が速いところでは、やはり地盤は固いと言うことができる。

「横浜市が高密度強震計ネットワークを利用して観測した値を、ひたすらパソコンに打ち込んでいきました。地味な作業でしたが、分析結果をグラフにしてレポートにし、最終的にペナンのマレーシア科学大学で英語のプレゼンをする10人に選ばれました」

できあがったグラフが、図1（図1の参考図が図2）だ。縦軸は平均偏差、横軸はavs20、グラフの中のたくさんの点は、150箇所の各観測点を表している。avs20の値が大きい（地盤が固い）地点では、平均偏差の値が小さい（揺れにくい）ということがわかる。

「ただし、すべてがこの結論に当てはまるわけではありませんでした。グラフの近似直線を引いてみると、線からかけ離れている地点があります。土地の開発などで盛り土をしている場所はもろいため、揺れが大きくなったとも考えられますが、そこまでは調べられませんでした」

結果的に、「地盤が固いと揺れにくい」という分析結果が当てはまった場所は92%、当てはまらないところが8%だった。

図1　地盤の固さと揺れやすさの関係

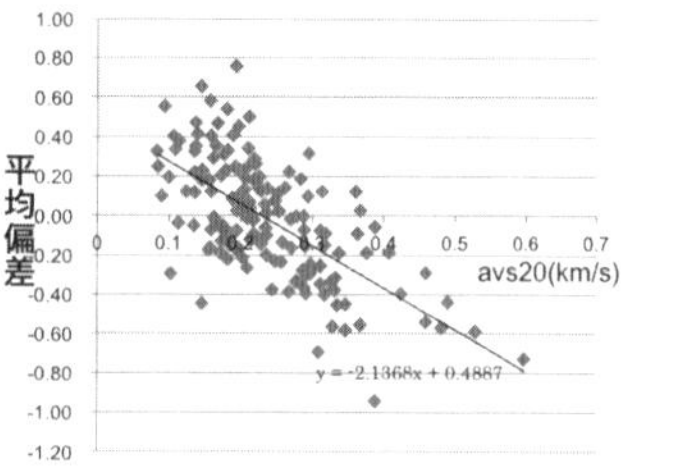

表2　avs20の求め方

avs20(km/s)=0.105$N^{0.31}$（N…N値）

N値	avs20(km/s)
1	0.105
10	0.214
50	0.353

N値が大きくなると、S波が速くなる
＝S波が速いとき、**地盤は固い**

考察と感想

「地震による揺れの大きさは、地盤の固さによって変化する、ということがわかりました。これはとても単純なことのようですが、重要なことだと考えています。この研究が確立され、もっと信頼性のあるものになれば、地域によって避難ルートや避難場所を再検討し、地震への対処方法も変わってくると思うからです。

　今回の研究分析は、信頼性という意味ではかなりの誤差が含まれていると考えています。合計35の地震データを集めましたが、すべての観測点で震度が計測できていた地震はほとんどありませんでした。それでもなるべく誤差が小さくなるように、多くのデータがとれている地震を選びました。調べている段階では、市内で揺れにくい土地は、金沢区、泉区、港南区。揺れやすい土地は、緑区、西区、神奈川区ということもわかりました。

　データをひたすら打ち込んでいくのは、正直言って大変な作業でした。ほかの人たちは最新機器を使って研究を重ねているのに、自分はパソコンに向かってひたすら孤独に数字を打っている。『こんなことをしていてもいいの?』と思ったこともありました。

図２　横浜市内の各観測点における平均偏差の分布

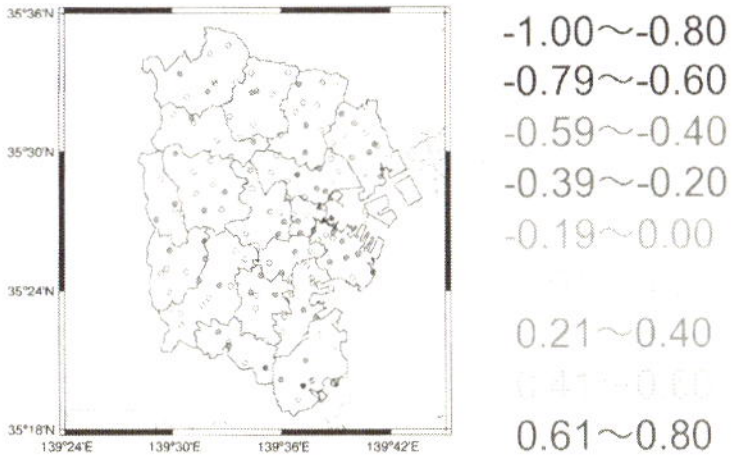

それでも、先生方に『面白い見方だ』とか『もっとこうすればよいのでは』など、アドバイスをもらえたので、ようやく研究が形になりました。

僕は小さいころから、気象や地震に興味がありました。自分の名前も、気象と関係があります。大型台風がいくつも来た9月に僕が生まれたと聞きました。この研究を選んだのも、そんな理由からです。将来は、気象庁に入って気象の研究をしたい。天気予報だけではなく、地震速報などの情報を提供する側になりたいんです。そのために今は、大学で地理学を学んでいるところです」

The Relation Between 「Firmness of the Ground」 and 「Seismic Intensity」

YSFH Arashi Hagiya

1. Purpose of my research

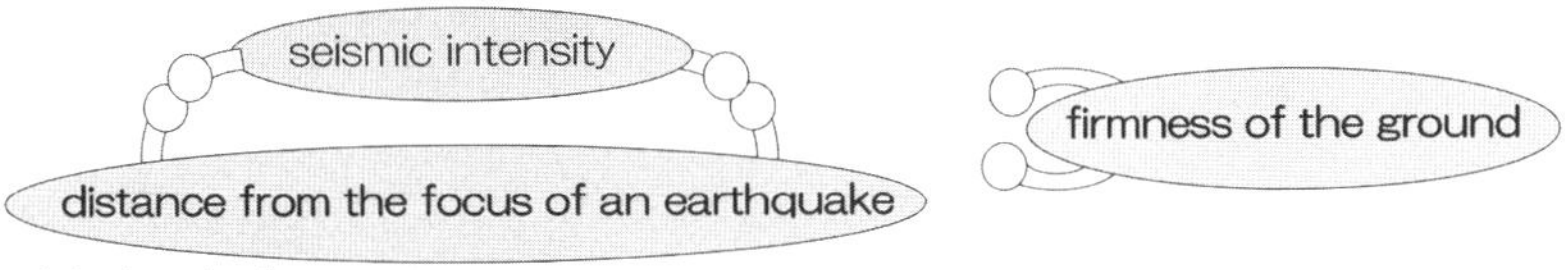

2. Method of experiment

Ex.) Earthquake A

[Table.1] The example of how to record the data of earthquakes

observation spot	seismic intensity	average of seismic intensity	deviation
p	2.50	2.20	0.30
q	1.97		−0.23
r	2.13		−0.07

(deviation of an observation spot)

=(the seismic intensity)−(the average of seismic intensities of all observation spots)

⇨ deviation…instability of each observation spot

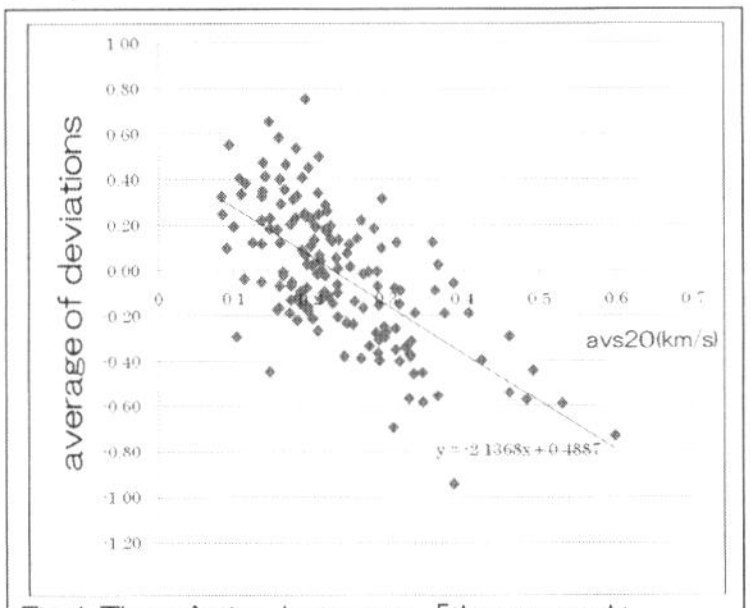

Fig.1 The relation between 「the ground」 and 「instability of each observation spot」

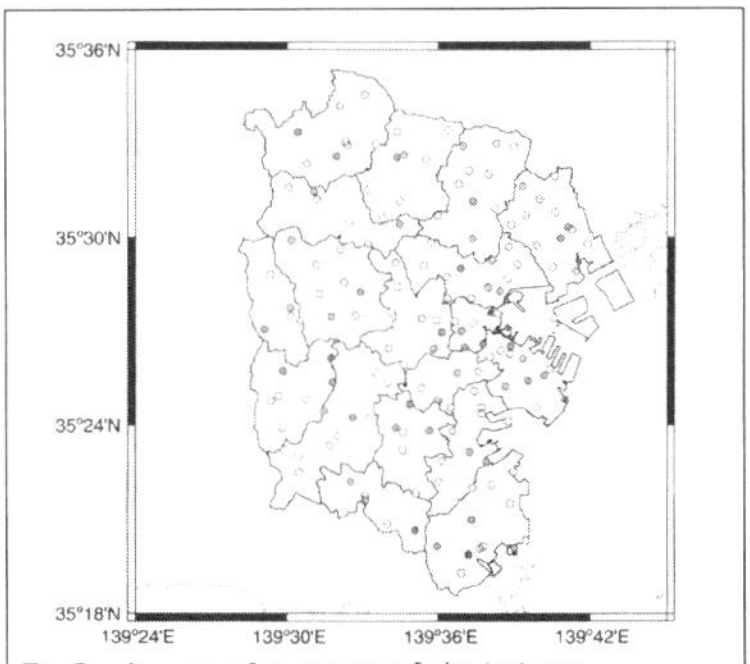

Fig.2 A map of average of deviations (in Yokohama)

3. Summary and Future Theme

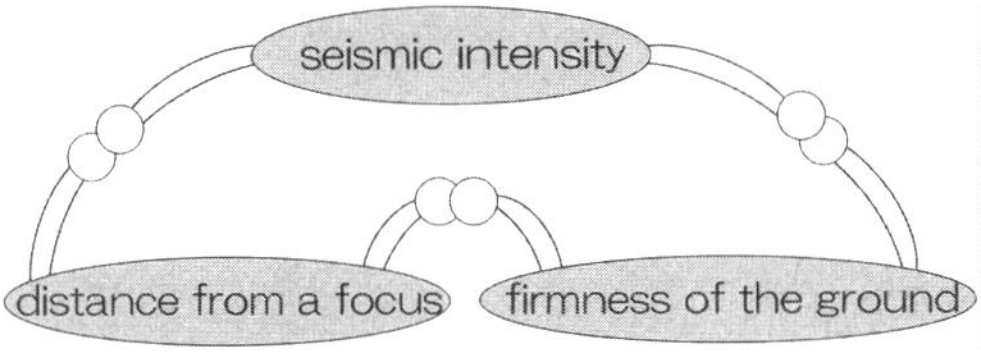

Ⅰ. Research of each observation spot

Ⅱ. Research of other causes concerning seismic intensity

図3 研究成果のポスター(英語版)

第3章

さらに深く研究に打ち込む
サイエンスリテラシーⅢ

3年生のＳＬⅢは、選択科目。
ＳＬⅡでの経験の上に立ち、自由な形で
個人研究を掘り下げていきます。
より純粋に、研究に打ち込める授業です。

環境・化学分野

ニッポンウミシダの内臓再生と細胞凝集能力

園部智彩さん
（2期生　横浜国立大学 理工学部 化学・生命系学科 バイオEP在学中）

SLⅡでの悔しさをバネに

園部さんは、SLⅡで「ニッポンウミシダのレクチンについて」の研究を行ってきた。そして、SLⅢでも、引き続き同じニッポンウミシダ（写真1）をテーマにした。

「もともと、生物系のタンパク質の研究がしたいと思っていました。タンパク質に興味を持ったのは、『生きものは、どうして動いたり考えたりすることができるんだろう？』と、小さいころから不思議に思っていて、その根源がタンパク質にあると知ったことがきっかけです。高校で外部の先生の講演を聞いてそのことを知り、とても感動しました」

園部さんは、タンパク質の研究ができるニッポンウミシダを、迷うことなく選んだという。ニッポンウミシダは再生能力がとても高く、それ

写真1　ニッポンウミシダと模式図

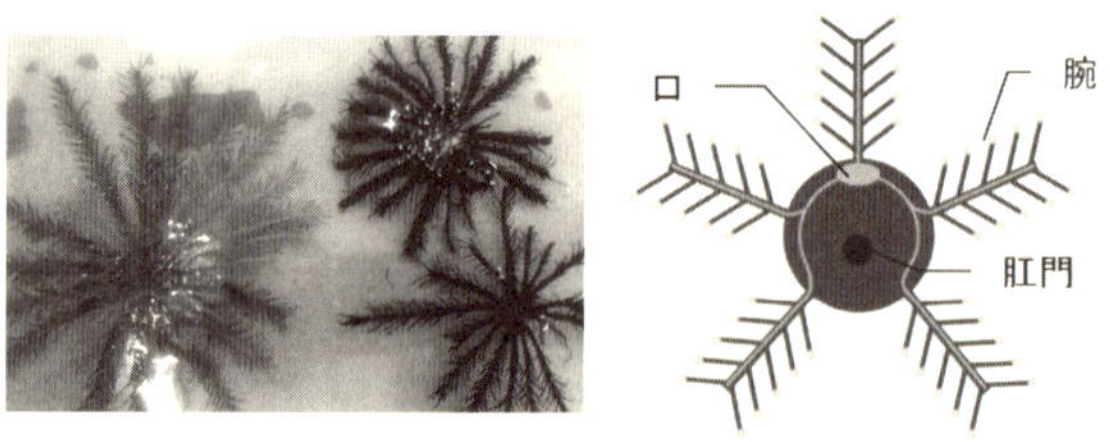

にはレクチンというタンパク質が関わっているという仮説を立てた。だが、SLⅡが終わるころには、反省と後悔の気持ちがふくらんでいた。

「結局『面白そう！』と食いついただけで、何もわからないまま進んでしまいました。生物の知識もなく、お膳立てされた中で研究して、自分がやっていることがようやくわかりかけてきたのが2年生の終わりでした。悔しかったので、引き続きウミシダの研究をしようと思ったんです」

SLⅡではニッポンウミシダの持つレクチンが、特定の糖鎖を認識してくっつく能力があると学んだ。それを踏まえて文献を読んでいたとき、ニッポンウミシダは無脊椎動物なのに、脊椎動物の発生で見られるN-アセチルラクトサミンという物質を、特異的に認識すると知った。園部さんは考えた。

「ウミシダのレクチン液と、ウミシダの細胞をバラバラにしたものを一緒に入れて、それがくっつくとしたら、ウミシダの細胞の中にN-アセチルラクトサミンがあることが証明できるかもしれない」

ニッポンウミシダの細胞は、ニッポンウミシダの抽出液で凝集するのか――。園部さんのSLⅢでの研究がスタートした。

ニッポンウミシダの細胞をバラバラにする

第2章の103ページでも紹介しているが、改めてレクチンについておさらいしておこう。レクチンには、細胞を凝集させる能力がある。レクチン分子が複数の糖結合部位を持っているため、細胞表面にある糖鎖と結合し、容易にくっつくことができるのだ（図1）。たとえば、ニッポンウミシダのレクチンは、ヒト赤血球やウマ赤血球を凝集することができる。

今回の実験は、赤血球をニッポンウミシダの細胞に置き換え、ニッポンウミシダ抽出液の中に存在するレクチンが、ニッポンウミシダ自身の細胞を凝集させる能力があるか調べてみる。園部さんはまず、ニッポンウミシダの細胞をバラバラにすることを考えた。

「いろいろな方法を考え、試行錯誤を繰り返しました。最終的には生きているウミシダの腕を2センチメートルほど切り取り、超音波洗浄機の中に入れました。すると、組織が少しずつ骨からはがれていくんです。やりすぎると細胞が破裂するので、5秒ずつ様子を見ながら何度か超音波をかけ、その後、遠心分離機にかけて上ずみをとりました。これを光学顕微鏡でのぞいて、細胞が乖離していることを確認し、『細胞浮遊液』として使いました」

一方、ニッポンウミシダ抽出液は、ニッポンウミシダの腕を乳鉢ですりつぶしてペースト状にし、海水を加えて溶液にした。赤血球を加えて凝集能力を確認し、レクチンの存在を確かめた。こうして準備したニッポンウミシダ抽出液と、細胞浮遊液とを混ぜ、光学顕微鏡で観察した(写真2)。

「結果は、どれも凝集反応は見られませんでした。ウミシダの細胞にはN-アセチルラクトサミンが存在しなかったこと、ウミシダ抽出液のレクチン濃度が十分ではなかったことが考えられました」

図1　レクチンの細胞凝集能力

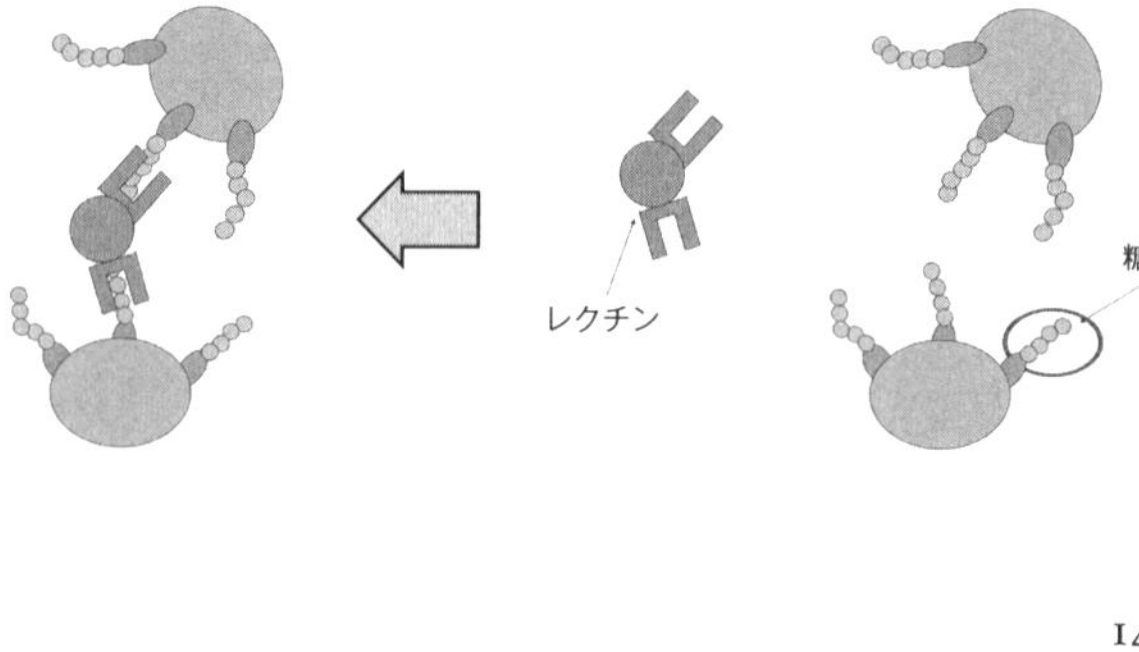

ニッポンウミシダの腕組織を培養する

この結果を得て、園部さんはもうひとつの実験を行うことにした。

「もっと大きな視点から見たいと思い、動物細胞の培養のように、ウミシダの腕の組織を培養することにしました」

切り取ったニッポンウミシダの腕の組織を殺菌して培地に入れ、30℃のCO_2インキュベーターで培養し、結果を観察することにした。

「じつは、雑菌が混入してしまったりして、なかなかうまくいかず、わからない現象ばかりが起きました。謎が多かったのですが、次々に観察を続けるうちに、ある組織に透明なトゲのようなものが発生していたのを見つけました。色素が抜けて透明になったのかな？　と思いましたが、それだけでは説明できないものです」

園部さんは、ニッポンウミシダ組織の培養に夢中になり、結局、3年生の3月まで実験を続けることになった。

考察と感想

「結果としては、最初に仮説を立てたウミシダの細胞と抽出液の凝集反

写真２　細胞凝集の顕微写真
（左が凝集しているもの、右が凝集していないもの）

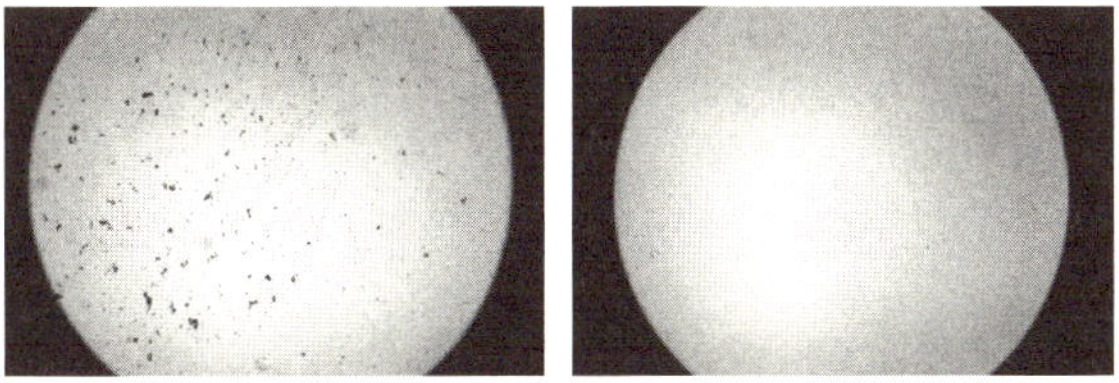

応は起きませんでした。また、最後まで気になっていたウミシダ組織の培養も、結論をはっきりと出すことができませんでした。けれども、とても達成感がありました。

それは、２年生のときと違って、考察の下地がしっかりでき、論理立てて自分で考えることができたからです。『もしかしたら誰も知らないもの、見つけたことのないものを見つけられるのではないか』という可能性を感じ、そのための方法をひとつずつ考えていくことも、研究の醍醐味でした。これが、ＳＬⅡとＳＬⅢでの大きな違いです。

結論が出なかったのは仕方ありません。１年くらいの研究では、見つからないのは当たり前。研究は、一生かけてやっていくことかもしれません。それより、自分で一から考え、面白そうと思ったことにどんどん触手を伸ばすことができたこと。それができる環境を与えてもらったことは、とてもいい経験でした。受験勉強とは違いましたが、研究のために時間を割くことは、何も苦痛ではありませんでした。

将来は、生物学者になりたい。科学の楽しさや面白さを、多くの人に伝えられる仕事に就けたらと思っています」

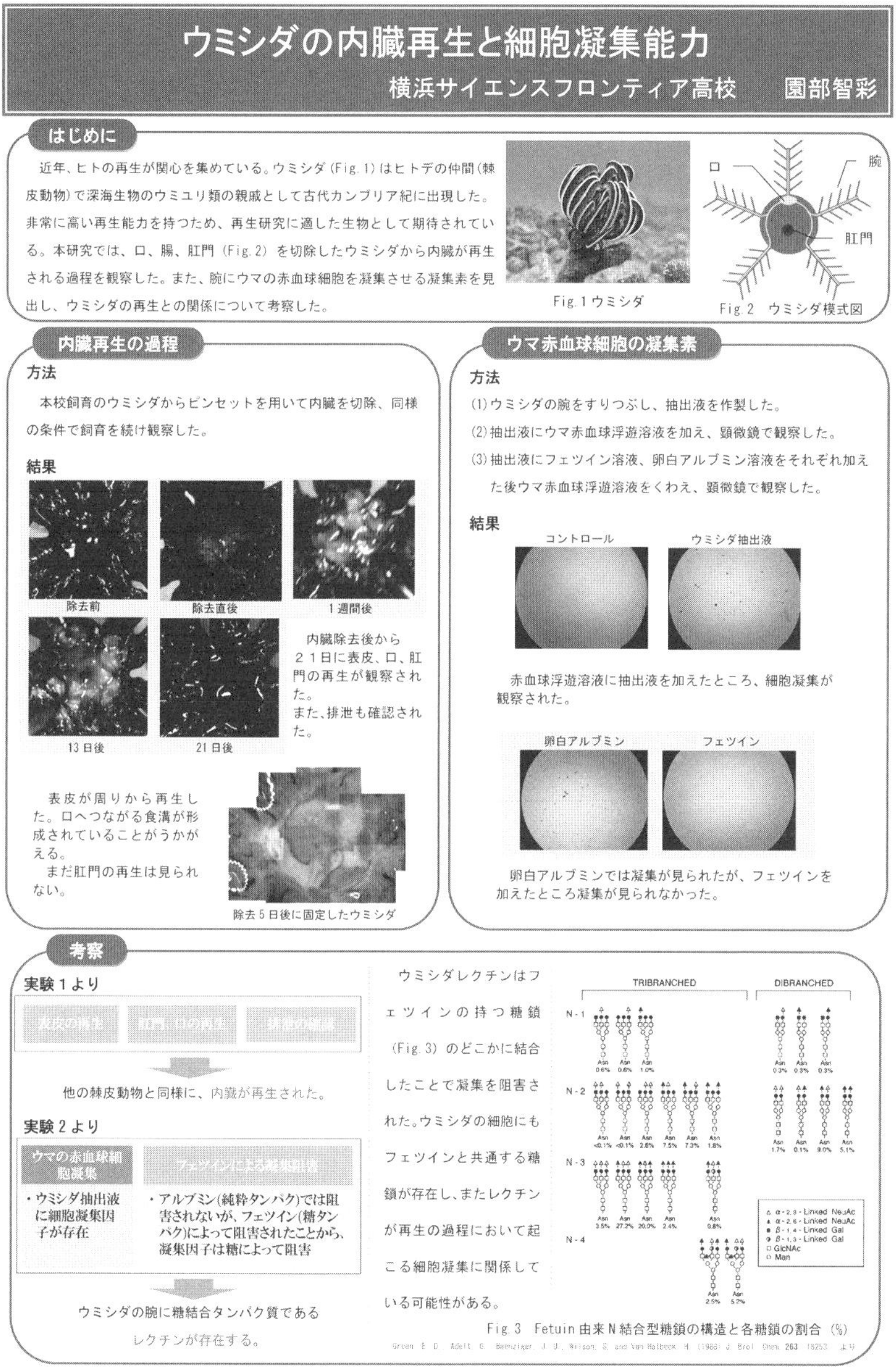

図2　研究成果のポスター(日本語版)

環境・化学分野

ミニトマトの果実の色による リコピン合成・変換の違い

長谷川綾子さん
（2期生　横浜市立大学国際総合科学部在学中）

黄色いトマトはなぜ赤くならないの？

SLⅡでは、「ニンジンのβカロテン量の計測」を研究してきた長谷川さん。自由に研究テーマを選べるSLⅢでは、「トマト」を題材にした。

「私は野菜が嫌いなので、2年生のときは少ない量で効率よくニンジンの栄養をとるにはどうすればいいかを考えてきました。トマトを選んだのも、やはり野菜嫌いを克服したいから。そして、最近よく見かける黄色いトマトの色が気になったからです。自分たちでトマトを育てながら実験と研究を続けました」

普通のトマトは、生長過程で緑から赤へと変化していく。トマトの赤い色素は、リコピンによるものだ。黄色いトマトも緑から黄色へと変化するが、この色について長谷川さんは、βカロテンによるものではないかと考えた。βカロテンは、リコピンが酵素の働きによって変換され、合成される化合物だ。

「ここまで考えて、疑問が生まれました。合成の順序から言えば、黄色いトマトは、赤くなったあとに黄色くなるはず。それなのに、どうして赤くならないんだろう？」

リコピンを合成する酵素の遺伝子は、Ｐｄｓ－１。そしてリコピンからβカロテンに変換する酵素には、ＣｒｔＬ－ｂという遺伝子が作用する。そこで、赤と黄色の2種類のトマトに、これらの遺伝子があるかどうかを調べていくことにした。

トマトの生長を追いながら遺伝子を調べる

具体的には3つの実験を行った。

ひとつめは、キャロルロゼ（赤）とイエローキャロル（黄）のミニトマトの葉からＤＮＡを抽出。それぞれにリコピンとβカロテンを合成する酵素の遺伝子があるか、ＰＣＲ（ＤＮＡ増幅器）と電気泳動を使って調べる（図１）。

ふたつめは、同じく2種類のミニトマトの果実を、青い時期から4つの生長段階（写真１）に分けてＲＮＡを抽出。リコピンとβカロテンを合成する酵素の遺伝子が発現しているかを、ＲＴ－ＰＣＲ（逆転写ポリメラーゼ連鎖反応）と電気泳動を使って調べる（図２）。

図１　PCR後の電気泳動の結果

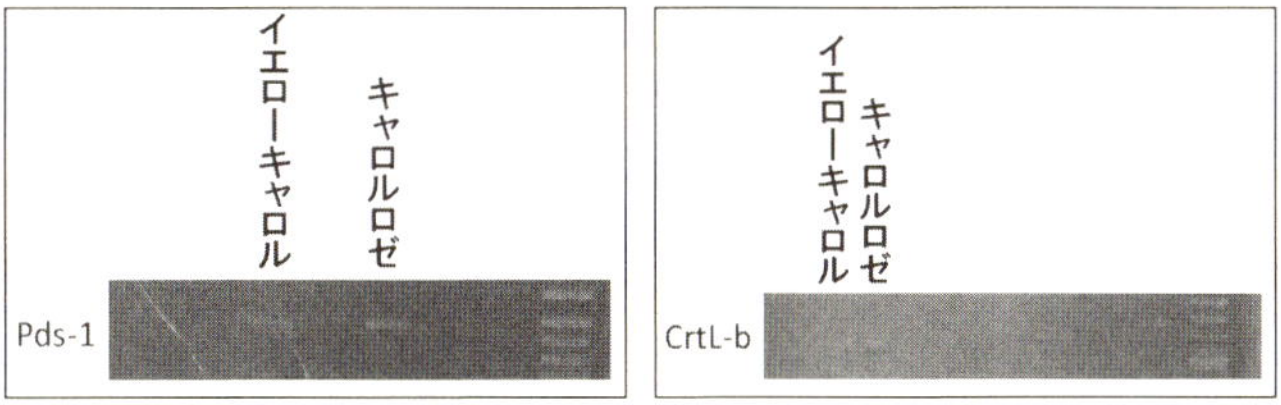

３つめは、同じく２種類のミニトマトの成熟した果実をすりつぶし、クロロホルムで成分を抽出し、ＨＰＬＣ（高速液体クロマトグラフィー）で分析する（図３）。

結果は、２種類のトマトとも、リコピンとβカロテンを合成する酵素の遺伝子を持っており、生長段階による遺伝子発現の違いも見られなかった。また、どの生長段階においても、リコピン合成酵素、βカロテン合成酵素が作られていたことがわかった。ＨＰＬＣの結果は、キャロルロゼ（赤）には多量のリコピンと少量のβカロテンが含まれ、イエローキャロル（黄）にはβカロテンが含まれるが、リコピンはほとんどないことがわかった。

「難しかったのはＲＮＡの抽出です。最初は試薬を自分で調整していましたがうまくできず、あきらめてキットを買ってもらって結果が出ました。青い時期から熟れた時期まで生長段階を追って見ていきましたが、実際、赤と黄色の違いは微妙でした。

ただ、３番目のＨＰＬＣを使った実験では、黄色いトマトにリコピンがほとんど含まれていませんでした。持っていたリコピンはすべてβカロテンに変換したのだろうという予測が立ちました」（図４）

写真１　ミニトマトの４つの生長段階

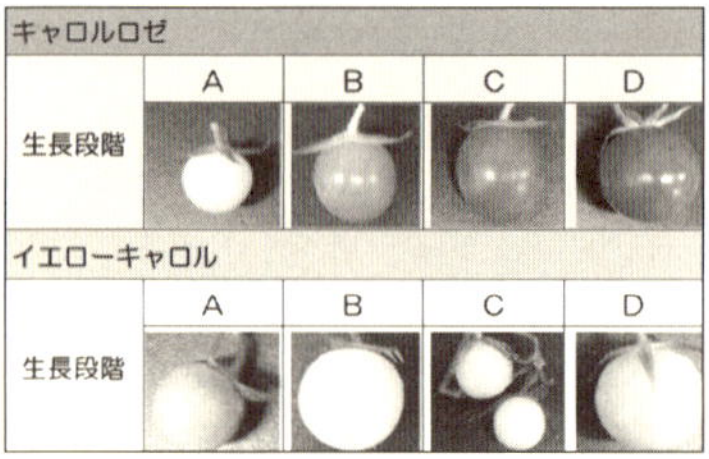

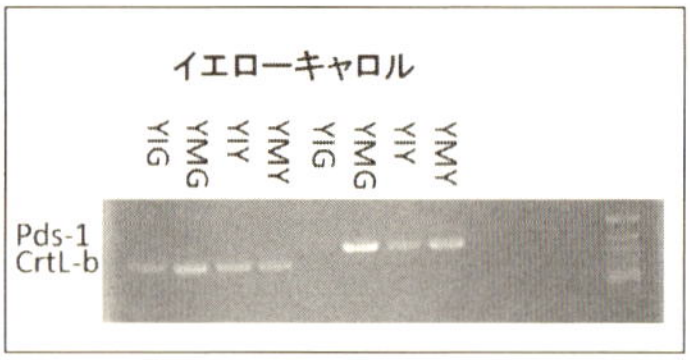

おしべ、めしべ、茎、すべての遺伝子を調べる

以上の実験を終えても、なんとなく腑に落ちなかった長谷川さんは、追加の研究を行った。

「果実についてはしっかり調べましたが、ほかの部位である茎、おしべ、めしべなどにも、リコピンとβカロテンを合成する酵素の遺伝子があるかもしれないと考えたんです。そこで、同じ実験をして発現を調べてみました」

結果はすべてにおいて遺伝子が発現しており、植物全体でリコピンとβカロテンが合成されていることがわかった。

また、ＨＰＬＣでも分析してみたところ、トマトの葉と茎にはリコピンとβカロテンは含まれていないことがわかった（図5）。

考察と感想

「黄色いトマトの色はβカロテンの可能性がありますが、それだけとも言いきれません。リコピンや植物に含まれるクロロフィルの消失によって、色の見え方が変わってくる場合もあるのではないかと考えています。

図2　RT-PCR後の電気泳動の結果

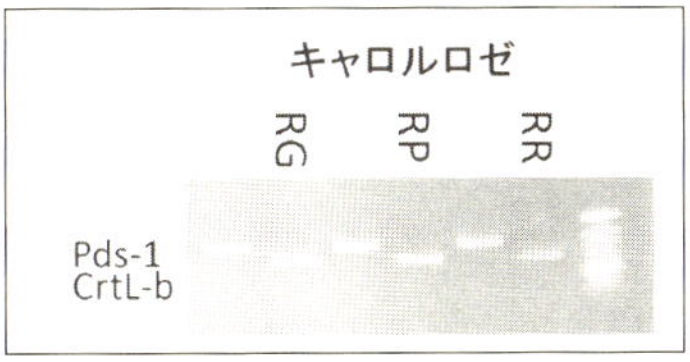

図3　HPLCの分析結果

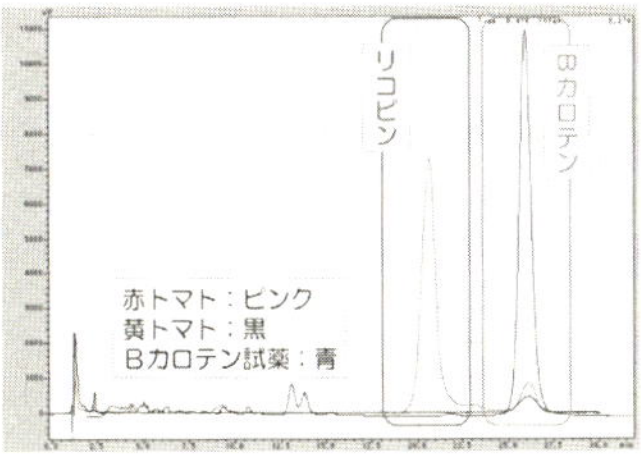

実際には、花にも葉にも茎にも、リコピンとβカロテンを合成する酵素の遺伝子があったので、実だけではなくいろいろな場所に、赤や黄色が隠れているのかもしれません。今回は赤や黄色に注目して実験してきましたが、クロロフィル（緑色）の含有量も調べてみたかった。それは今後の課題にしたいと思います。

自分たちで育てたトマトを実験に使うのは、なかなか大変なことでした。思ったような大きさになっていなかったり、受粉できず枯れてしまったり、知らないうちに実が落ちていたこともあります。生きものに合わせて実験を行うというのは、こういうことかと実感しました。

そもそもこの高校を選んだのは、思う存分実験ができるからという理由でした。同級生の中には実験があまり好きではないという人もいましたが、ＳＬⅡでもＳＬⅢでも、最新の機器を使ってずっと実験を続けられ、私にとって素晴らしい環境でした。特に、自由に研究ができるＳＬⅢに参加できたことは、本当によかったと思っています。実験の途中で行き詰まることもあったし、曖昧な結果に終わって残念なところもありますが、実験が好きな人は、ぜひＳＬⅢを選択することをおすすめします。

将来は食品関係か、植物関係の研究職に就きたいです。食べものだけではなく、花の色の品種改良などもいいなと思っています」

図４　まとめの図

	キャロルロゼ	イエローキャロル
Pds-1存在	○	○
CrtL-b存在	○	○
Pds-1発現	○	○
CrtL-b発現	○	○
リコピン含有	○	△
β カロテン含有	○	○
	○・・・あり、×・・・なし、△・・・微量	

図５　追加の実験結果

	キャロルロゼ			イエローキャロル		
	葉	茎	雄しべ	葉	茎	雄しべ
Pds-1存在	○	○	○	○	○	○
CrtL-b存在	○	○	○	○	○	○
Pds-1発現	○	○	○	○	○	○
CrtL-b発現	○	○	○	○	○	○
リコピン含有	—	—	—	×	—	—
β カロテン含有	—	—	—	×	—	—
	○・・・あり、×・・・なし、—・・・測定なし					

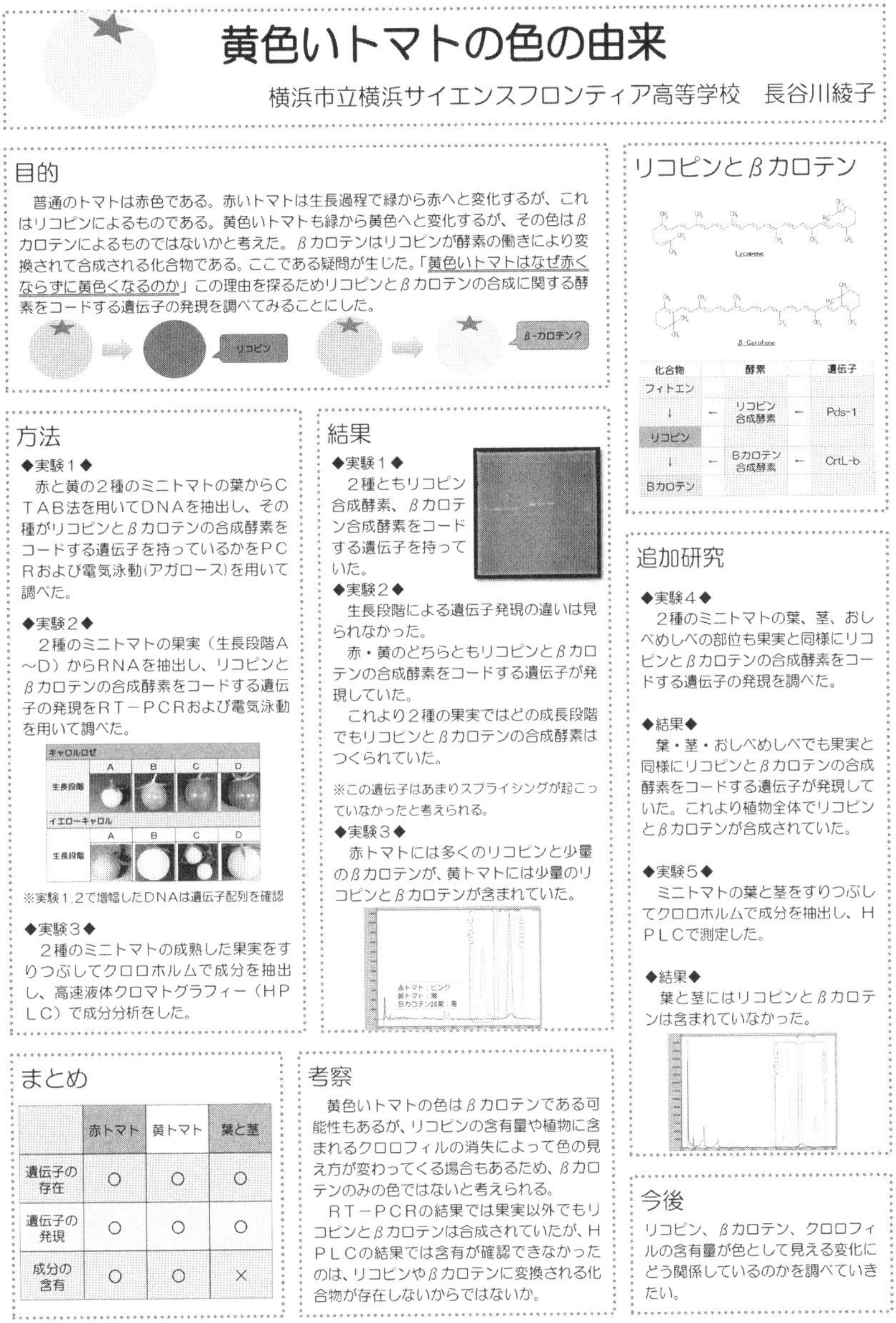

黄色いトマトの色の由来

横浜市立横浜サイエンスフロンティア高等学校　長谷川綾子

目的

普通のトマトは赤色である。赤いトマトは生長過程で緑から赤へと変化するが、これはリコピンによるものである。黄色いトマトも緑から黄色へと変化するが、その色はβカロテンによるものではないかと考えた。βカロテンはリコピンが酵素の働きにより変換されて合成される化合物である。ここである疑問が生じた。「黄色いトマトはなぜ赤くならずに黄色くなるのか」この理由を探るためリコピンとβカロテンの合成に関する酵素をコードする遺伝子の発現を調べてみることにした。

リコピンとβカロテン

化合物		酵素		遺伝子
フィトエン				
↓	←	リコピン合成酵素	←	Pds-1
リコピン				
↓	←	Bカロテン合成酵素	←	CrtL-b
Bカロテン				

方法

◆実験１◆

赤と黄の２種のミニトマトの葉からＣＴＡＢ法を用いてＤＮＡを抽出し、その種がリコピンとβカロテンの合成酵素をコードする遺伝子を持っているかをＰＣＲおよび電気泳動(アガロース)を用いて調べた。

◆実験２◆

２種のミニトマトの果実（生長段階Ａ～Ｄ）からＲＮＡを抽出し、リコピンとβカロテンの合成酵素をコードする遺伝子の発現をＲＴ－ＰＣＲおよび電気泳動を用いて調べた。

キャロルロゼ				
	A	B	C	D
生長段階				

イエローキャロル				
	A	B	C	D
生長段階				

※実験１.２で増幅したＤＮＡは遺伝子配列を確認

◆実験３◆

２種のミニトマトの成熟した果実をすりつぶしてクロロホルムで成分を抽出し、高速液体クロマトグラフィー（ＨＰＬＣ）で成分分析をした。

結果

◆実験１◆

２種ともリコピン合成酵素、βカロテン合成酵素をコードする遺伝子を持っていた。

◆実験２◆

生長段階による遺伝子発現の違いは見られなかった。

赤・黄のどちらともリコピンとβカロテンの合成酵素をコードする遺伝子が発現していた。

これより２種の果実ではどの成長段階でもリコピンとβカロテンの合成酵素はつくられていた。

※この遺伝子はあまりスプライシングが起こっていなかったと考えられる。

◆実験３◆

赤トマトには多くのリコピンと少量のβカロテンが、黄トマトには少量のリコピンとβカロテンが含まれていた。

追加研究

◆実験４◆

２種のミニトマトの葉、茎、おしべめしべの部位も果実と同様にリコピンとβカロテンの合成酵素をコードする遺伝子の発現を調べた。

◆結果◆

葉・茎・おしべめしべでも果実と同様にリコピンとβカロテンの合成酵素をコードする遺伝子が発現していた。これより植物全体でリコピンとβカロテンが合成されていた。

◆実験５◆

ミニトマトの葉と茎をすりつぶしてクロロホルムで成分を抽出し、ＨＰＬＣで測定した。

◆結果◆

葉と茎にはリコピンとβカロテンは含まれていなかった。

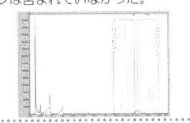

まとめ

	赤トマト	黄トマト	葉と茎
遺伝子の存在	○	○	○
遺伝子の発現	○	○	○
成分の含有	○	○	×

考察

黄色いトマトの色はβカロテンである可能性もあるが、リコピンの含有量や植物に含まれるクロロフィルの消失によって色の見え方が変わってくる場合もあるため、βカロテンのみの色ではないと考えられる。

ＲＴ－ＰＣＲの結果では果実以外でもリコピンとβカロテンは合成されていたが、ＨＰＬＣの結果では含有が確認できなかったのは、リコピンやβカロテンに変換される化合物が存在しないからではないか。

今後

リコピン、βカロテン、クロロフィルの含有量が色として見える変化にどう関係しているのかを調べていきたい。

図６　研究成果のポスター（日本語版）

環境・化学分野

コラーゲンの抽出と分析

石山 歩さん
（1期生　横浜市立大学 国際総合科学部 理学系 生命医科学コース在学中）

コラーゲンって何？

石山さんのＳＬⅢでのテーマは、コラーゲン。

ＳＬⅡで彼女は、ナノウィスカーという新しい物質の研究を行ってきた（１２０ページ）。ナノテク材料・物理分野の研究だったが、３年生では食品や人間の体にも含まれる、身近な素材を選んでいる。

「２年生のテーマは、やりきった思いがありました。高校生だし、ひとつの分野に絞らなくていいかなと思い、まったく違う分野の研究をすることにしたんです。

コラーゲンは、よく耳にする身近な物質です。ゼラチンはコラーゲンが変性した物質で、生きものはみな持っていると言われています。『コラーゲンの第一番目の役割は、体全体あるいはいろいろな臓器の枠組を

写真１　純粋牛コラーゲン試料

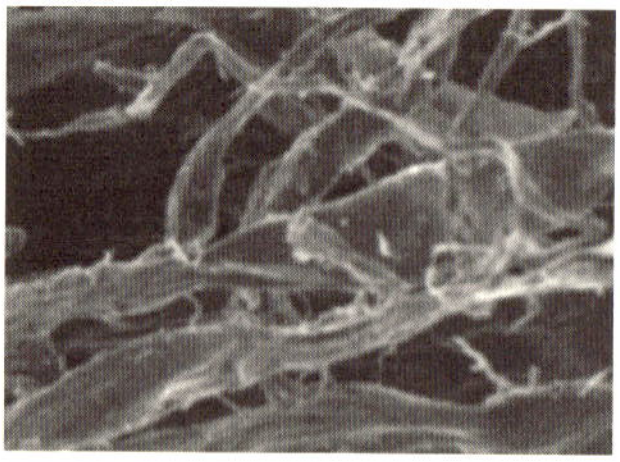

全体が繊維状をしている→コラーゲン分子は規則的に一方向に並んでいる。集まって繊維状を形成。

作ること』で、『体の枠組を作っている皮膚や骨や腱などにはコラーゲンが大量に存在して』おり、『皮膚の乾燥重量の約70パーセント、アキレス腱の乾燥重量の約85パーセント』、『骨にはヒドロキシアパタイトと呼ばれるカルシウムとリン酸の化合物がたくさんあるが、それを除いた成分――つまり、有機物質の実に90％がコラーゲン』だそうで、『哺乳類の全タンパク質の30～35％はコラーゲンだと言う学者もいるし、20～25％ぐらいだと言う学者もいる』と、藤本大三郎さんの『コラーゲン物語』（東京化学同人）に書いてありました。そんなコラーゲンという物質が、いったいどんな性質を持つものか、実験で調べていくことにしました」

SLⅡでは、個人で研究を進めてきた石山さんだが、今回は4人でのグループ研究を選んでいる。

「結果をまとめたのは個人個人でしたが、研究や実験は4人で役割分担し、相談しながら進めていきました。ふたつくらいの実験が同時並行できるので、仲間との研究はありがたかったです」

様々な角度から観察する

最初に行ったのは、コラーゲンがどんなものか、実際に観察すること

写真2　アザン染色をしたそれぞれのコラーゲン

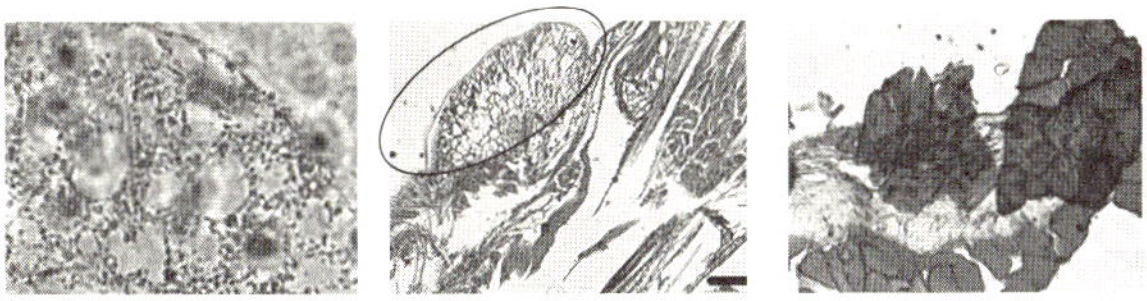

カイメン
全体的に青色がかっている。

ゴカイ
外側が青色に染まっている。

トリ皮の煮汁
ほとんど赤色、一部青色。

だった。まずは、SEM（走査型電子顕微鏡）を使って、ゼラチン、トリ皮の煮汁、トリ骨の煮汁、鯛のウロコ、純粋牛コラーゲン試料（写真1）などを観察した。

「市販のゼラチンは細かい穴があり、水を含ませると縦にシワが並びました。試料用のゼラチンは水を含ませると、より美しくなめらかなシワができました。トリ皮の煮汁は冷めるとゼリー状になり、SEMで見ると細かいシワが網のように広がっていました。トリ骨の煮汁は冷めても液体状ですが、SEMではやはり縦に筋が見られました。鯛のウロコも縦のシワが並んでいます。牛コラーゲン試料は、低倍率で見ると繊維状になっていることが確認できました。それぞれ少しずつ違う形でしたが、コラーゲンというのはコラーゲン分子が集まって、一方向に並んで繊維状になったもの、と考えました」

次に、生物のどんな部分にコラーゲンが存在するのか。カイメン、ゴカイ、トリ皮の煮汁の3種類を、アザン染色で観察した。アザン染色をすると、コラーゲンや基底膜などは青く染まり、核や繊維素は赤く染まる。カイメンは全体が青く見え、コラーゲンが全体に存在していることがわかる。ゴカイは体の表面近くにコラーゲンが存在し、トリ皮の煮汁の一部にも存在することがわかった（写真2）。

写真3　電気泳動1回目のサンプル

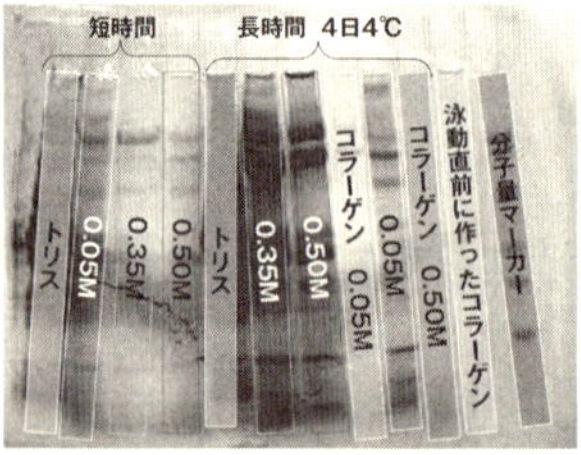

分子量マーカー
96000：ホスホリラーゼb
66000：牛アルブミン
42000：卵白アルブミン
30000：カーボニックアンヒドラーゼ
21000：トリプシンインヒビター
14000：リゾチーム

電機泳動でコラーゲンを分離する

その後、電気泳動を用いてコラーゲンを分離する実験を行った。コラーゲンは、酢酸により溶解するので、抽出できる。そこで、トリ皮に中性トリス緩衝液、薄い酢酸水溶液を様々な濃度で入れて撹拌したのち、遠心分離した上ずみをサンプルとした。実験のベースとなる純粋牛コラーゲンにも、薄い酢酸を加えた。そして、すべてを、電気泳動の機械にかけた（写真３、４）。

「純粋牛コラーゲンで現れたバンドが、コラーゲンを示すと考えました。すると、２本のバンドが現れています。

全体としては、中性トリス緩衝液を使ったサンプルは、コラーゲンがあまり抽出されませんでした。酢酸水溶液のほうが抽出しやすいのですが、酢酸に漬けただけでは、コラーゲン以外のタンパク質も抽出されてしまいます。これらの結果から、コラーゲンを大量に抽出するためには中性トリス緩衝液でトリ皮を何度か洗い、そのほかのタンパク質を洗い落としてから、酢酸水溶液を加える方法がよいと考えました」

その後の電気泳動実験からは、コラーゲンを抽出する最適な条件を見つけ出した。粉砕したトリ皮に中性トリス緩衝液を加えて撹拌し、さら

写真４　電気泳動　１回目

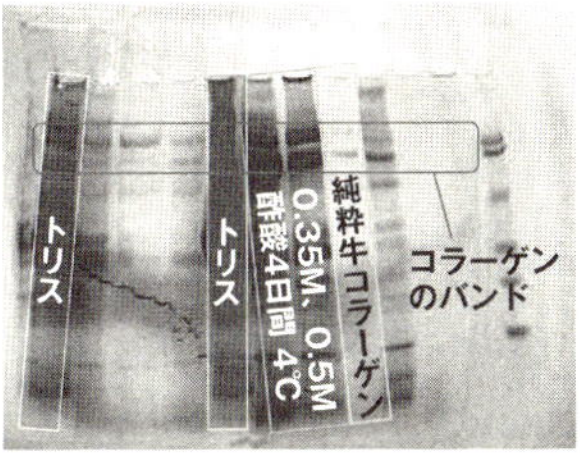

トリス緩衝液で洗浄し、そのほかのタンパク質を取り除き、濃度の大きい酢酸で長時間抽出

に遠心分離して上ずみを取り除く。この作業を繰り返したのち、酢酸水溶液を加えて4℃で4日間放置。それから電気泳動にかけるという方法だ（写真5、6）。

「どうしたら最もいい条件で取り出せるのか、実験を繰り返しました。何度もやりすぎて混乱するほどでしたが、最終的に結果が出たのでホッとしました」

最後は、1回目と2回目の電気泳動の結果からコラーゲンの分子量を求め、グラフを作った（図1）。1回目の電気泳動ではコラーゲンの分子量が7万と6万。2回目は10万と9万という結果で、差が生じてしまった。

「実験回数がまだまだ足りませんでした。さらに回数を重ねて、正確な分子量を出せればよかったと思っています」

考察と感想

「この研究は、分子量のグラフがずれていたり、電気泳動のバンドがはっきり見えていない部分があったり、まだまだ未熟な部分が目立つ結果でした。本当は、コラーゲンが私たちの生活にどう関わり、どんな効果があるかということまで知りたかったのですが、そこまでは難しく、い

写真5　電気泳動2回目のサンプル

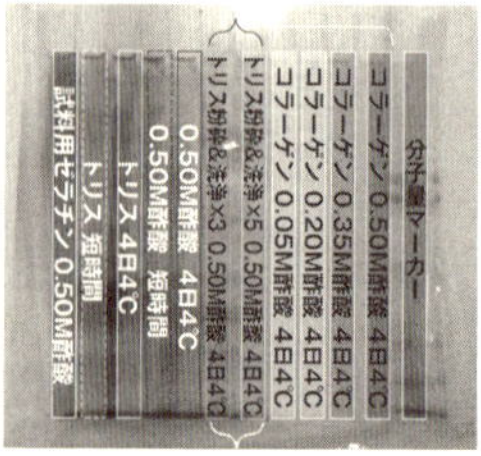

写真6　電気泳動2回目

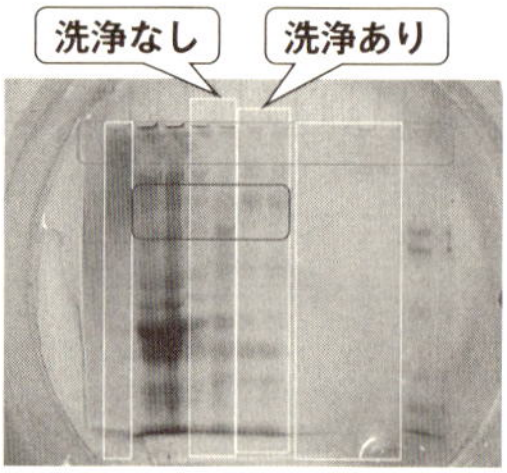

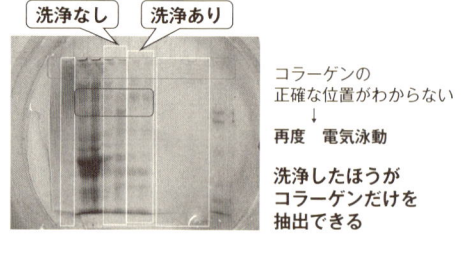

きつくことはできませんでした。

ＳＬⅡのときは、ひとりでただ夢中で実験をしていた満足感がありました。ＳＬⅢでは、そこから一歩進んで、結果を出さなければならないというプレッシャーが大きかった気がします。研究をしているときは必死でしたが、今になって振り返ると、突っ込みたいところばかり。そう思えるのは、自分が当時より少し成長したということかもしれません。

グループで研究をするのは相談相手がいて頼もしかったし、横浜市立大学の先生方はもちろん、トリ皮を学校の食堂から分けてもらったりして、いろいろな人にお世話になりました。

電気泳動など様々な実験を通して、自分は物質そのものに入り込んで研究していくことが好きなのだと、ＳＬⅢでは改めて気づきました。何度も実験を積み重ね、結果を出していくというのは、どんな研究でも同じことです。飽きずに続けることが、研究をものにできるかどうかにつながると思いました」

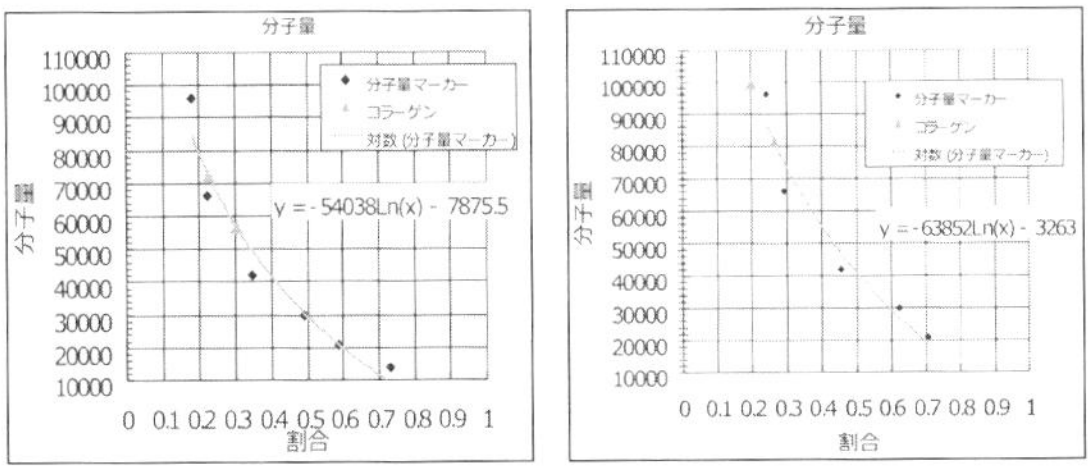

１回目の電気泳動　　２回目の電気泳動

図１
コラーゲンの分子量

抽出コラーゲンの分子量

１回目　約7万　約6万
２回目　約10万　約9万

第4章

英語で行う
プレゼンテーション

ＳＬⅡの最後は、全員が英語でポスターを製作し、
マレーシアに行って、英語で研究発表を行います。
この章では、その発表を可能にするために
どんな授業が行われているかを紹介します。

Paper or Plastic?

サイエンスリテラシーの最終目標は、自分たちが研究してきた成果を英語でプレゼンテーションすること。2年生の秋には全員でマレーシアを訪れ、現地の学校で各自発表することになっている。生徒たちはとても苦労すると言うが、必ず毎年みんながやり遂げてきた。この章では、彼らの英語力を支え、プレゼンを成功へと導いている英語の授業を紹介しよう。

1年生は、ＳＬＩのステップ1で「日本語―英語でのプレゼンテーション入門」という授業を受ける。5回シリーズで、プレゼンの基本を叩き込まれる授業だ。

副読本として使われるのは、アメリカのLaurie DavidとCambria Gordonが記した"The Down-to-Earth Guide to Global Warming"（写真1）。地球温暖化に関する様々な事象が書かれたこの本から、内容をピックアップして授業が進む。

担当の英語科教員、植草透公は語る。

「最初の授業では、まず私が英語プレゼンのデモンストレーションを見せます。毎年扱っているのは、この本の中にある"Paper or Plastic?"という項目。スーパーマーケットに買い物に行って"Paper or Plastic?"と聞か

写真1

れたら、君たちはどちらを選ぶのか。この問いかけが、プレゼンのイントロとなります」

紙袋か、ビニール袋か。いきなり聞かれると戸惑う人が多い。そこで、植草のプレゼンは次の段階へと進む。紙袋を作るためには木材が必要で、ビニール袋を作るためには石油が必要だ。木材の場合、山をどれくらい切り拓かなければならないのか、石油の場合、車をどれくらい走らせられる量が必要なのか。データを出して比較検討する。そして最後は、Conclusion（結論）を提示する。

「紙袋かビニール袋か。これはとても深い題材で、どちらを選ぶにも迷うところがあります。そこで、私は『エコバッグを使おう』という結論を提示します。大切なのは、科学的データを見せて説明した後、自分のConclusionを人に伝えることです」

聞く人の心を動かすストーリーを

プレゼンテーションは研究を人に伝える場だが、自分が調べてきた内容をひけらかすだけではダメだ。ＹＳＦＨが目標とするプレゼンは、初めて聞く人にもわかりやすく、論理的に内容を伝え、聞く人の意思決定を助けるものであること。植草は言う。

「聞いている人の心を動かすには、ストーリーが大切です。『自分の研究や意見』を伝えるストーリーを組み立て、聞いている人たちが受け入れられるように説明すること。その大切さを、最初に生徒たちに伝えます」

同時に、英語を使う重要性も伝える。研修旅行に行く国が、なぜアメリカやイギリスなど英語を母国語とする国ではなく、マレーシアなのか。

「マレーシアの母国語は、マレー語です。しかし、学校で数学や科学を学ぶときは英語が使われています。海外に向けて伸びている企業が多く存在し、今とても発展している国でもある。マレーシアの高校に行くと、母国語ではないにもかかわらず、うちの学校の生徒たちよりずっと上手に英語を駆使している高校生を目の当たりにします。そんな場所に身を置き、自分たちの英語がどれほど通じるか体験してほしいんです」

この話を聞いた生徒たちは、2年生の秋に行われるマレーシア研修旅行に向け、真剣に英語に取り組み始める。

グループで内容を組み立てていく

プレゼンテーションに、話を戻そう。

授業のスタートは、英語科教員によるデモンストレーション。その後、生徒たちはグループに分かれ、“The Down-to-Earth Guide to Global Warming”の中からテーマを選ぶ。“Paper or Plastic?”だけではなく、この本の中には様々な地球温暖化のトピックスがあるのだ。

テーマを決めたら、本の内容を読み込んで、キーワードを拾っていく。そうしてグループごとに「マインドマップ」（図1）を作成する。このマインドマップは、研究テーマや内容を考えるときの指標になる。班ごとに選んだテーマとキーワードを英語で発表し、最初の授業は終了する。

次の授業では、マインドマップをさらに絞り込み、4〜5枚のスライドを製作して、自分の言いたいことをまとめる。

図1　“The Down-to-Earth Guide to Global Warming”
マインドマップのサンプル

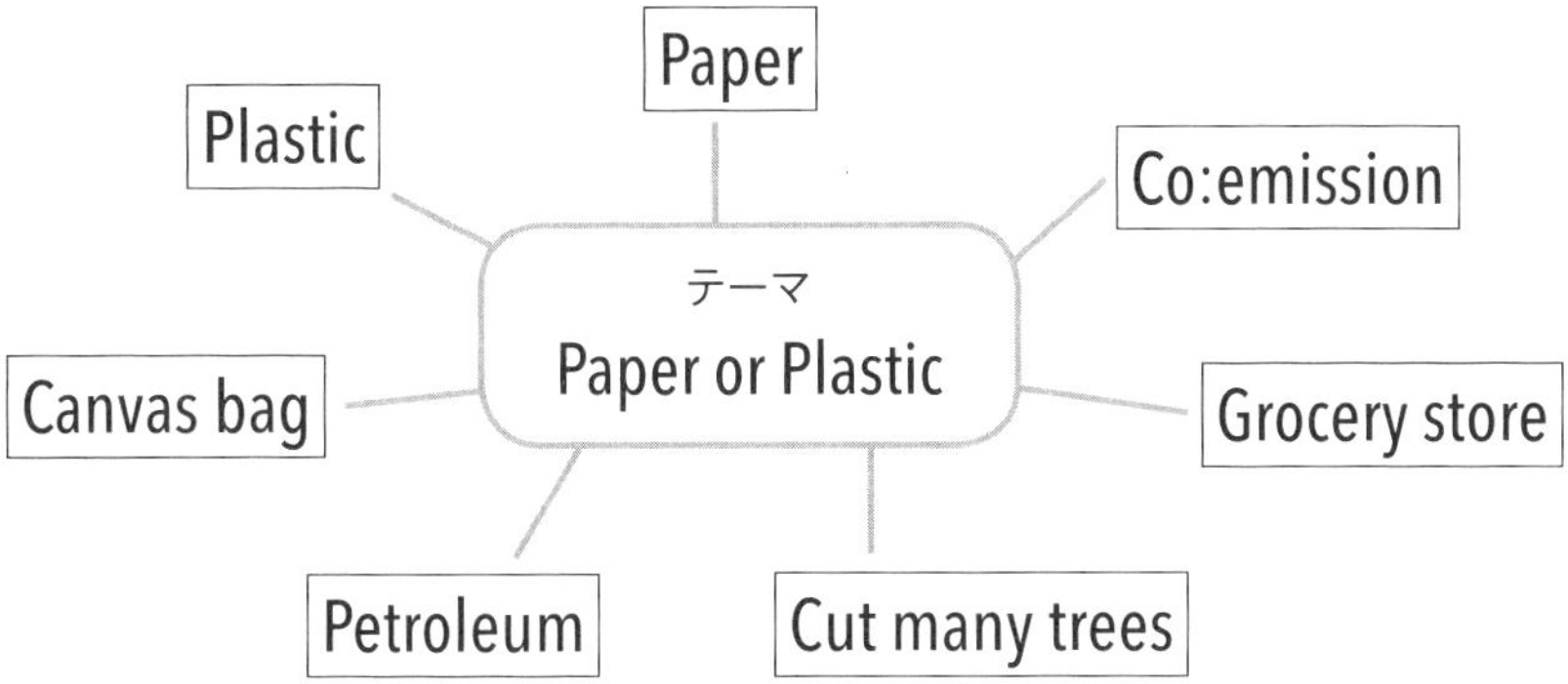

「日本語なら『起承転結』ですが、ここでは『Introduction Body Conclusion』で考えます。特にIntroductionは大事。デモンストレーションで“Paper or Plastic?”と投げかけた最初の部分です。最初は相手に結論が見えませんが、あとから生きてくる投げかけをしなければいけません」

Bodyでは、Topic（伝えたいこと）を3つ程度に絞る。そして、内容とデータをスライドでわかりやすく提示する。Bodyで、相手に内容を十分理解してもらったところで、最後にConclusionで自分が言いたいことを伝える。

「この手法は、科学のプレゼンに限ったことではありません。どんなときにも通用します。これをしっかり身につければ、人前でスピーチをするときにも役立つし、英語でまとまった文章を書きなさい、というときにも使えます。Introduction、Body 2〜3個、Conclusion。このパターンを覚えれば、英語で話すことは難しくありません」

翻訳機は役に立たない

この授業では、テーマ選びとマインドマップ作りをグループで行うが、そこから先は個人の作業だ。論理的に文章の展開を考え、コンピューターでパワーポイントを利用し、資料を作る（パワーポイントの使い方は、情報科の授業で習得）。

そうするうち、細かい疑問がたくさん出てくる。コンピューターがあれば自動翻訳機も使えるので簡単、と思うかもしれない。しかし、じつは自動翻訳機はあまり役に立たないと植草は言う。

「使ってみるとわかるのですが、科学系の文章は、自動翻訳機ではなかなか翻訳できません。最初翻訳機に頼ろうとした人たちは、それに気づいた段階で、自分で調べて英文を作り始めます。複雑な文章を作る必要はなく、基本的な構文ばかりなので難しくはありません」

5回シリーズの最後の授業は、いくつかの会場に分かれての発表だ。もちろんひとりずつ、全員が英語で発表を行う。人前で5分間ほど英語でしゃべり、英語で質問を受け、英語で答える。自分の発表も大事だが、人のプレゼンテーションを見て評価することも大切な勉強だ。生徒たちには人数分の「評価シート」（図2）が配られ、仲間のプレゼンをそれぞれに評価し合う。

評価シートは、「アイコンタクトとジェスチャー」「話し方」「スライド」「発表内容」などの項目に分かれており、最後は発表した本人に渡して終了となる。

「普通の授業は教員が評価するものですが、プレゼンは、もっと楽しいものだと感じてほしい。互い

図2　プレゼンテーションの評価シート

				評価者
	1―（　　　　　　　　　　　）さん			
	評価項目		○／×	評価／○数
パフォーマンス	アイコンタクトとジェスチャー	聴衆をバランスよく見ていた。		
		ジェスチャーを効果的に使っている。よい姿勢だった。		
	話し方（英語）	原稿を見ないで、内容が理解しやすかった。		
		聞き取りやすい話し方だった（声の大きさ、スピード等）。		
		＋α（　　　　　　　　　　）		ふつう＝3 とても良い＝4 excellent＝5
発表資料・内容	スライド	見やすく（文字サイズ、配色等）よく整理されている。		
		効果的にデータ、図表を使っている。		
	発表内容	論理的展開で矛盾がなかった。		
		課題を正確にとらえている。		
		＋α（　　　　　　　　　　）		ふつう＝3 とても良い＝4 excellent＝5
メモ				

に見て、いいところを探してほめれば、自分に足りないこともわかっていきますから」

1年生のプレゼン入門授業はここまで。人前で、英語で話す機会を全員が持ち、互いを評価し合うことで、表現力が磨かれていく。

内容の深さは語学力に合わせて

2年生ではサイエンスリテラシーと並行し、ＯＣＰＤという授業が行われる。ＯＣＰＤとは、「Oral Communication for Presentation and Debate」。英語でコミュニケーションをとり、プレゼンテーションし、ディベートまで行うカリキュラムだ。これらすべての内容のベースに、サイエンスがある。

たとえば、ディベートの授業はこんなふうだ。「バイオ燃料は化石燃料よりもよいものか」というテーマが与えられる。生徒たちはグループに分かれて様々な資料を集め、パワーポイントでスライドを作り、プレゼンをする。それを踏まえた上でディベートとなる。

「バイオ燃料は画期的だが、たくさんのコーンや大豆が必要なので、需要が高まれば口にできない人が出てくるだろう」

「食べものがなくなっても、燃料が増えるほうがいいのか」

「不足した分は、原子力エネルギーを使ったほうがいいのではないか」

ディベートの内容は、次第に深いものになっていく。しかし、深い話になってくると英語で語り合うのは難しい。植草は言う。

「ディベートをしていると、自分たちの言いたいことのレベルと、話すことができるレベルのせめぎ合いになってきます。英語で自由闊達に議論をするのは、非常に難しいんです。人にもよりますが、日本語で議論するときの60％くらいの深さがいい塩梅ではないでしょうか」

60％だからといって、相手に伝えられないわけではない。日本語では難しい言葉に頼って流してしまう内容でも、英語を使うことで初めて立ち止まり、意識できることがある。英語でのディベートやプレゼンは、自分の考えを改めて理解し直し、深めていく作業につながる。

英文ポスターと英語のスピーチ

ＳＬⅡでは9月になると、個人研究の中間発表会が開かれる。ここで行うのは、日本語のプレゼンテーション。その後、マレーシア研修旅行に向けて全員が英文ポスターとスピーチ原稿にとりかかる。中間発表の優秀者10人は、それらに加え、パワーポイントによる英語プレゼンテーションの準備も行う。

英文ポスターは、ＹＳＦＨ独自のフォーマットをもとに作っていく（図3）。上から「Title（タイトル）」「Abstract（要約）」「Methods（方法）」「Results（結果）」「Conclusion（結論）」と5つの項目があり、MethodsやResultsは写真やグラフを多用して作成。そこに記す英文はほとんど箇条書きだ。

「ポスターで大切なのは、Abstractです。日本語で作ったプレゼンを要約し、そぎ落としてシンプルな形の英文にする。エッセンスだけを英語にするのです。そぎ落とすときの基準になるのは、1年生で学んだマインドマップ。自分が何を伝えたくて、そのためにどういう実験をして、どういう結論を得たのか。ストーリーが大切です」

ポスターは文字数がそれほど入らないので、足りない部分はスピーチでカバーする。それぞれが作ったポスターとスピーチ原稿は、ＳＬの担当教員、ＯＣＰＤの担当教員、本人の間を何度も行き来しながら手を加え、完成させていく。

そして最後は、発表の練習だ。1年生のとき“The Down-to-Earth Guide to Global Warming”のプレゼンで互いを評価したように、グループで評価し合いながら練習を重ね、いよいよマレーシアへの研修旅行に出発する。

「マレーシアの生徒さんや先生はとても熱心なので、質問もたくさん受けることになります。初めて会った相手に向けて英語で話し、質問を受け、また英語で答える。ひとりわずか10分くらいのことですが、異国の地で力を出し切った生徒たちは、見違えるように成長して帰ってきます」

自らの研究を英語で発表する体験は、英語力をつけると同時に、物おじせず積極的に前に出ていく勇気を、生徒たちに与えてくれる。

図3　英文ポスターのフォーマット

英文ポスターの構成と注意事項
〈原稿は Word で、ページ設定は A3 サイズ、余白 10mm で統一〉

TITLE

タイトルは相手に発表内容が明確に伝わるものにすること。
不定詞句は避ける(26 ~ 48pt)。
ヒント:次の3つの要素を入れるとよい(トピック + 方法・手段 + 限定・範囲)。
例　Cultivating　Animal Cells　in Low Temperature
　　方法・手段　トピック　限定・範囲
(前置詞、冠詞、等位接続詞以外は大文字からタイプする)
AUTHORとして自分の名前と校名をTITLEの下に添える(18 ~ 28pt)。

ABSTRACT ←下の3つのコラムも含めて、小見出しは(18 ~ 28pt)

何を解明するための研究か、どんな目標で実験や観察を行ってどんな結論を得たかを、極力簡潔に述べる。独立した文とし、ほかの箇所を参照するような記述にしないこと。終了した研究のまとめであるから、過去時制で記述すること。←下の3つのコラムも含めて、本文は(11 ~ 18pt)

METHODS

自分が行った実験・観察の手法を極力簡潔に述べる。手順を細かく説明したりしないこと。

結果は示してはいけない。
基本的には受動態・過去時制で記述する。
例 “Cells were grown at 37 ℃ .”

必要なら図表を効果的に用いる。

RESULTS

実験で得たデータ、観察された事実を簡潔に述べる。過去時制で記述すること。

必要なら図表を効果的に用いること。ただし、図表が何を意味するものかを必ず述べること。図表の指し示す事柄の説明は、現在時制で記述すること。

ここで結論に関する記述はしない。

CONCLUSION

実験・観察の結果から解釈されることや結論を述べる。

最初に仮説を立てた場合は、それが実験によって裏づけられたか、否定されたか、もしくは明確な結論を導くことができなかったなども記述するとよい。

残された疑問、今後の課題に言及してもよい。

Wordを指定する理由

ポスター印刷の枚数が多く、Power Pointに設定を切り替えると微調整が大変困難で時間がかかるため。

A3サイズとする理由

拡大印刷するとき､図や写真の画質が落ちるのを避けるため｡事前のチェックには､印刷のプロパティで出力用紙サイズの指定をA4にするなどして縮小印刷で対応する。

余白10mmとする理由

ポスター印刷のあと、整理の都合上余白が必要である。実際のポスターサイズでは、余白が4cmほどになる。

余白なしではプリンターヘッドが汚れる。また、余白が大きすぎることも避けたい。

Authorの部分の形式が生徒によって異なっているので、クラスや学校所在地を付けるかどうか、SL委員会で最終的なガイドラインの設定をすることが望ましい。

その他

◎できるところは箇条書きにする。

◎研究分野において一般的に認められている事実は、現在時制で記述する。

◎自分のデータと他人の研究からの引用データがはっきり区別できるようにする。

◎やむをえずウェブ上の写真や図を利用する場合は、元サイトのURLを表示する。

◎自分のしたこと、他人の研究作業は過去時制で記述する。
そのとき、文献は｢研究者の姓(文献の発表年代)｣の形で示す。
例：Honda (1992)（書籍以外の資料の表記については相談してください）

◎図・グラフは、下にFig.1のように番号を付け、何の図・グラフかを表記したうえ、外枠で囲む(図表のフォーマットは科学分野用のものであるが、これをYSFHの共通フォーマットとして統一しておく)。

◎表は、上にTable 1のように番号を付け、何の表かを表記して下線を引く。表は外枠で囲まない。

◎順を追って読めるように組んであれば、このモデルの通りでなくてもよい。

◎背景色の設定､塗りつぶしをしないこと(インクの消費が激しく､ポスターもよれよれになるため)。

◎図、写真は、拡大印刷をするので、解像度の高いものを用いる。

◎必要があって色を用いる場合は、赤と緑の組み合わせは避ける。

おわりに——ほんもの体験が育む若者の未来

「サイエンスリテラシー（以下ＳＬ）」という言葉を初めて聞いたのは、２００９年。横浜サイエンスフロンティア高校が開校したばかりのころだ。その後、『子どもが幸せになる学校——横浜サイエンスフロンティア高校の挑戦』（ウェッジ刊）の製作を通してたびたびこの学校に通うことになる。充実した研究設備には目を見張ったが、何より印象的だったのは、生徒たちの学問に向かう真摯な姿勢と、学校全体に漂う明るい空気だった。特にそれを強く感じたのが、ＳＬの授業だ。企業の研究者や大学の先生を前にして、生徒たちは怯むことなく積極的に質問し、堂々と研究発表を行っていた。

それから4年がたち、今回はＳＬについての本を製作する機会に恵まれた。最初はＳＬＩの授業を追体験させてもらったのだが、これがめっぽう面白く、私のような科学オンチでも、知的好奇心のツボをじわじわと刺激された。まして、伸び盛りの賢い高校生たちだ。研究者の生の言葉にふれて刺激を受け、学びたいという欲求が湧くはずである。ここで芽生えた「学びたい欲」とは、教科書をなぞる勉強や、仕方なく取り組む受験勉強とはまったく別。もっと能動的でわくわくするものだ。そんなテーマに出会えたら、彼らが発揮できる力はけた違いではないかと思った。

次に会ったのは、1期生、2期生の卒業生。細かい内容については本文を読んでいただくとして、10人近い卒業生に会って感心したことがある。それは、「今ならもっとよい研究ができると思う」との考えを各人が持っていたこと。大学に入り、一歩も二歩も成長したからこそ言える言葉だろう。そして「SLは楽しかった」と悩みや失敗も含めて自分の研究を熱く語ってくれた。「どれほど恵まれた環境だったか、今になってわかる。後輩にはもっとSLを頑張れと伝えたい」というのも、多くの卒業生から聞いた言葉だ。卒業生については、栗原校長も次のように語っていた。

「昨年の夏休みは、1期生と2期生が自主的に進学フォーラムを開いてくれました。自分の学んでいることを話したり、浪人した人も浪人時代を熱く語ってくれたんです。おかげで生徒たちは、先輩の実感のこもった話が聞ける。自主的にやってくれたことが本当にうれしくて、私の自慢なんですよ」

　卒業生が熱心なのは、新設校という理由もあるだろう。でも、と私は思う。SLで多くの人に支えられ、苦労しながら結果を出してきた彼らだ。たくさんのものを受け取った人は、ごく自然に後輩へと、持っている力を手渡すことができるのではなかろうか。ほんものにふれ、自ら考え、体験する濃密な3年間。失敗も苦労も反省もたっぷりあるけれど、すべてはここがスタート地点。科学者として歩み始める彼らの未来が楽しみだ。

　本書は、多くの方々のご協力によってできあがりました。お忙しい中、時間を割いてくださった科学技術顧問の方々。自らの研究と母校への思いを語ってくれた卒業生たち。開校以来の試行錯誤をありのまま話してくださったYSFHの先生方。そして、本書を企画し先導してくださったウェッジの山本泰代さん。本当にありがとうございました。

　サイエンスの楽しさと、人を育てる情熱が、ひとりでも多くの方に伝われば幸せです。

2014年1月　菅　聖子

ほんものの思考力を育てる教室
――ＹＳＦＨのサイエンスリテラシー

２０１４年３月31日　第１刷発行

著　者　横浜市立横浜サイエンスフロンティア高等学校
編　者　菅　聖子
発行者　布施知章
発行所　株式会社ウェッジ
〒101-0052
東京都千代田区神田小川町1-3-1
ＮＢＦ小川町ビルディング３階
電話：03-5280-0528
ＦＡＸ：03-5217-2661
振替00160-2-410636
http://www.wedge.co.jp

ブックデザイン　横須賀　拓
印刷・製本所　大日本印刷株式会社

Printed in Japan　ISBN 978-4-86310-123-4　C0037